KB075181

나에게 주는 최고의 선물

자존감

내안에 감춰진 위대함을 찾기 위한 안내서

EMBRACE YOUR GREATNESS

나에게 주는 최고의 선물

자존감

주디스 벨몬트 지음 | **홍유숙** 옮김

내안에 감춰진 위대함을 찾기 위한 안내서

미래타임즈

추천의 말

"강하고 긍정적인 사람이 되고자 하는 사람에게 더할 나위 없이 유용한 책이다. 내 안에 있는 비난의 목소리를 잠재우고 부족한 나를 포용하며, 진정한 자기 자비와 충실한 삶을 사는 방법을 배울 수 있다."

– 매슈 매케이(Matthew McKay), 『자존감(Self-Esteem)』의 저자.

"주디스 벨몬트가 정곡을 찌르는 책을 또 하나 내놓았다. 이 책은 건강한 자존감을 갖고 앞으로 나아가고자 하는 모든 이에게 자세한 전략을 알려주는 걸작이다. (사실 대부분의 사람이 그러려고 고군분투하지 않은가!) 이 책은 자존감에 영향을 미치는 핵심 분야 10개를 명시해준다. 또한 자신에게 만족하고 자신의 위대함을 수용하고자 할 때 사용할 수 있는 손쉬운, 그리고 검증된 전략을 제공해준다. 자신의 가치를 높이거나, 완벽함을 추구하거나, 부정적인 생각을 쫓아내려는 사람들에게 도움의 손길을 제공한다. 50개의 전략을 즉시 응용할 수 있다는 점이야말로 심리상담가들에게는 희소식이다."

- 데브라 버딕(Debra Burdick), 전문 임상 사회 복지사(LCSW, Licensed Clinical Social Worker), 행동인지신경학자(BCN, Behavioral Cognitive Neurologist), 『클리닉과 환자를 위한 마음챙김 요령 지침서(Mindfulness Skills Workbook for Clinicians and Clients)』 등의 저자.

"『자존감 키우기』는 자존감을 찾고 키울 수 있도록 도와준다. 또한 그를 위한 효과적인 단계별 가이드를 제공해준다. 행복하고 충만한 삶을 사는 데 필요한 실용적인 실행 방안 50개를 선보인다."

- 수전 바벨(Susanne Babbel), 『몸과 마음 치유하기(Heal the Body, Heal the Mind)』의 저자.

"『자존감 키우기』는 자존감을 개선하는 데 도움이 되는, 무겁지 않고 직관적인 50가지 연습 방법을 제공해준다. 저자의 친근한 말투는 독자가 끝까지 연습을 해낼 수 있도록 북돋아준다. 각 팁의 끝에 나오는 질문은 내가 할 수 있는 것을 짚어주고 앞에서 말한 바를 다시 한 번 되새겨준다. 나는 특히 12번째 팁이 마음에 들었는데, 색소 한 방울을 물 잔에 떨어뜨려서 부정적인 생각이 어떻게 퍼져나가는지 바라보는 것이다. 이 책은 문제의 핵심을 쉽게 파악할 수 있게 해주고, 장기적인 변화를 꾀하는 데 도움을 준다.

- 켈리 스킨(Kelly Skeen)과 미셸 스킨(Michelle Skeen), 『지금 그 모습 그대로(Just As You Are)』의 저자.

"주디스 벨몬트의 『자존감 키우기』는 건강한 자존감을 세울 수 있는 폭넓은 지침을 제공한다. 이 책은 열정이 가득할 뿐 아니라 읽기도 쉽다. 건강한 자존감을 10개의 주제로 보여주고, 각 세부 항목을 실천할 수 있는 단계별 지침을 알려주어 개인의 상황에 맞춰 실행할 수 있도록 도와준다. 언제든 마음 편하게 건강한 팁을 얻을 수 있는 책이다."

- 리사 M. 샵(Lisa M. Schab), 전문 임상 사회 복지사, 개인 심리 치료사, 『청소년을 위한 자존감(Self-Esteem for Teens)』의 저자.

시작하는 글

이 책은 당신에 관한 이야기다!

자신의 위대함을 받아들이는 방법에 관한 실용적인 가이드를 제공하게 되어 기쁘다. 이 책은 나를 사랑하지 못하게 방해하는 장애물이 무엇인지 파악하고, 이를 극복할 방법을 알려준다. 자신을 비판하는 것, 실패했고 무력하다고 느끼는 것, 자신을 궁지로 몰아넣는 행동을 멈추게 될 것이다. 나는 40여 년이라는 시간 동안 심리상담가로 일하면서 낮은 자존감이야말로 인생 대부분의 문제를 일으키는 주범이며, 이로 인해 자신을 의심하고 자신의 진짜 모습을 거부하게 된다는 것을 깨달았다. 그리고 그 깨달음 덕에 이 책을 쓰게 되었다. 낮은 자존감이 일으키는 문제는 쉽게 찾을 수 있다. 낮은 자존감은 분노, 우울, 스트레스 관련 장애 등 정신 건강을 해치는 온상인 데다가 직장과 학교에서의 문제, 인간관계 문제도 일으킨다. 그 결과 사회적으로 고립되고 외로운 사람이 된다. 이런 감정적, 심리적 영향이 신체에도 심각한 영향을 미치고, 수명도 갉아먹는다. 반대로 탄탄한 자존감이 있다면 행복하고 건강하며 충만한 삶을 살게 된다.

이 책에서 알려주는 팁은 주요 심리학 이론과 실증적인 연구 결과에 근거를 두고 있다. 여기에 인지행동치료(CBT, Cognitive Behavioral Therapy) 테크닉과 '제3의 물결'에 해당하는 테크닉을 적절히 추가했다. '제3의 물결' 치료에는 동양의 마음챙김(Mindfulness)과 전통적인 서양 CBT 방식의 수용 전략(Acceptance Strategy)이 복합적으로 들어간다. CBT와 '제3의 물결' 모두 자존감이 정신과 정서적 건강에 핵심적인 역할을 한다고 본다. 이 책에서는 이런 접근 방법에서 나온 실용적인 전략들을 중점적으로 소개한다.

나는 다양한 환경에서 심리상담가로 일해왔다. 주로 개인 상담을 하는 클리닉을 운영했다. 또한 다른 정신 건강 전문가들에게 교육 프로그램을 제공하며 불안, 기분 장애, 성격 장애, 치료 거부 환자 대응 등을 다루었다. 각종 콘퍼런스, 수련회, 훈련 프로그램에서 동기 부여 연사로 활동했다. 이런 프로그램들은 가정과 직장에서 건강한 감정으로 생활하며 긍정적인 커뮤니케이션을 증대시키기 위한 것이었다. 나는 자신을 사랑하고 있는 그대로 받아들이는 사람일수록 어려운 상황에서도 잘 버텨낸다는 것을 발견했다. 이런 사실을 깨달으면서 자존감에 관한 책을 쓰게 되었다. 자신이 위

대하다는 사실을 받아들이고 스스로를 가치 있고 위대하다고 믿을
수록 기쁨과 행복을 느낄 여력이 커진다.

심리상담가와 연사로 활동하면서 나는 정신 건강에 관한 책을
6권 집필했다. 대부분은 '치료 도구 상자에 대한 팁과 도구들' 시리
즈로 나왔는데, 이 시리즈는 연습 문제나 간단한 유인물처럼 쉽게
시도해볼 수 있는 도구를 제공해준다. 심리상담가가 고객에게 사
용할 수 있는 활동도 포함되어 있다.

내 경험과 이 분야에 대한 연구 결과, 최근 치료 경향도 반영했
다. 심리상담가는 물론 상담자와 스스로 자신의 문제를 해결하려
고 노력하는 사람들에게 이 책을 권하고 싶다. 자신에 대한 의심을
거두고 자존감을 북돋는 현실적인 팁을 제공해줄 것이다. 또한 인
생의 질을 즉각 개선해주는 다양한 통찰과 연습 방법을 배울 수 있
다. 살을 5킬로그램 빼고 나면, 성공하면, 승진하면, 명문대에 들어
가면, 돈을 잔뜩 벌면, 아이들이 마침내 자제심을 발휘하게 되면,
운명의 상대를 만나면 등 꼭 무언가가 이루어지는 때를 기다리지
않아도 된다. 자신의 위대함을 받아들인다는 것은 바로 지금 이 순
간 어떤 조건 없이 자신과 인생을 사랑한다는 뜻이다. '만일', '그리
고', '하지만' 같은 말은 들어갈 틈이 없다. 상황이 달라져야만 행복
을 느끼는 것이 아니다. 인생의 여정을 따라가면서 자신을 사랑해
야 한다. 자신의 모습에 만족하려고 바깥세상이 바뀔 때까지 기다
릴 이유가 없다.

10개 장에 걸쳐 자신의 위대함을 받아들이는데 가장 중요한 항

목을 분명하게 밝혔다. 각각의 장에서는 5개의 팁을 제공한다. 필요한 개념을 설명하고 관련 연구 결과나 전문가의 의견을 붙였다. '시도해보기'에서는 자존감을 키우는 데 도움이 될 구체적인 방법을 소개한다. 문제가 무엇인지 알려줄 뿐만 아니라 어떻게 바꿀 수 있는지도 알려준다. 요리 레시피가 재료를 알려준 뒤 단계별 요리 방법을 알려주는 것처럼, '시도해보기'는 변화를 위한 실제적인 행동 요령을 상세하게 보여준다.

이 책은 자신의 독서 스타일에 따라 읽을 수 있도록 구성되어 있다. 어떤 사람은 책을 처음부터 읽고, 어떤 사람은 필요한 부분만 콕 짚어 읽는 것을 선호한다. 특정 주제만 보고 싶다면 차례를 훑은 뒤 필요한 부분을 읽으면 된다. 각 장의 5가지 팁은 독립적으로 구성되어 있고, 팁과 연습 내용이 같이 주어지기 때문에 필요한 주제를 골라 볼 수 있다. 하지만 이 책에서 다루는 10개의 주제를 전체적으로 이해하고, 주제마다 다루는 아이디어와 연습 내용을 폭넓게 익히려면 적어도 한 번은 완독할 것을 권한다.

당신이 가장 필요로 하는 내용은 가끔씩 반복해 읽고 연습할 것을 권한다. 새로운 지식을 습득하고 새로운 습관을 형성하려면 반복이 제일 효과적이다. 수업을 받는다고 처음 다루는 악기를 쉽게 연주할 수 없듯, 새로운 습관을 몸에 배게 하려면 연습, 연습, 그리고 또 연습하는 태도가 필요하다.

책을 읽다 보면 다양한 글쓰기를 권한다는 사실을 눈치챌 것이다. 왜 글쓰기가 효과적인지 설명하고 넘어가려 한다.

- 종이나 컴퓨터에 글을 써 내려가면 이에 온전히 집중하면서 좋지 않은 생각을 떨쳐낼 수 있다. 일종의 건강한 대안인 셈이다. 무의식적으로 머릿속에 자리 잡는 부정적인 생각은 신발 속에 들어간 자갈과 같아서, 인생의 밑바닥에 성가신 존재로 자리 잡는다.

- 자신의 생각을 써 내려가다 보면, 건강하지 않은 생각을 긍정적이고 건전한 사고로 바꾸어야 한다는 것을 객관적으로 깨닫게 된다.

- 생각을 쓰는 것만으로도 그 생각과 마주할 수 있다. 마음 한구석에 자리 잡고 있던 생각과 문제들이 바깥으로 끄집어져 나온다. 머릿속에서만 맴돌고 있을 때는 회피하거나 가벼운 감기 정도로 여기게 된다. 병원에 가는 것처럼 분명한 조치를 취해야 할 만큼 나쁘다고 생각하지 않지만, 동시에 이를 없애버리는 노력조차 하지 않는 것이다.

- 생각을 늘어놓다 보면, 문제에 대한 다른 시각을 갖고, 문제를 해결할 수 있을 것 같은 마음이 든다. 수학이나 물리학 문제처럼 어떤 문제는 머리로만 풀기에는 너무 복잡하다. 손으로 차근차근 쓰다보면, 문제가 두뇌 밖으로 나온다. 그러면 복잡한 문제도 잘 풀린다.

- 문제를 쓰다보면 그 문제에 집중하게 된다. 머릿속으로만 생각하면 곧 다른 문제에 신경이 쏠리고, 원래 문제를 망각한다. 문제를 인식하고 정면으로 대결해야 하는데, 그 문제

가 삶의 어딘가로 슬쩍 사라지는 것이다.

이 책을 읽으면서 일기를 써서 기록하고, 달라지는 과정을 적어 놓기를 권한다. 일기는 자신을 발견하고 자연스러운 변화를 끌어 내는 중요한 수단이다. 괴로운 기억, 비밀, 내가 아직 떨쳐내지 못하는 일과 맞서도록 도와준다. 심리학자 에드 본(Ed Bourne)은 '연민 어린 일기'가 심리적 · 신체적 효익이 있다고 주장했다. 연민 어린 일기를 통해 자기 자비(self-compassion)에 집중해서 내가 느끼는 고통을 바라보고 자부심을 확인하고 받아들이는 것이다.

당신이 선망하는, 당신에게 걸맞은 인생을 맞을 준비가 되었는 가? 그렇다면 이 책에서 어떤 것을 얻을 수 있는지 알아보자.

- 자신을 진심으로 사랑하고, 내가 나의 가장 든든한 지원군이 되는 길을 방해하는 장애물을 제거하는 방법을 알려준다.
- '내가 그렇게 일을 망쳤어', '미리 알았어야 했는데', '지금보다는 나아져야 해', 이런 집착을 부숴버린다.
- 연민을 갖고 스스로의 단점을 바라보고, 희망과 긍정적인 마음으로 미래를 바라보도록 도와준다.
- 과거의 진흙탕에서 벗어나 과거에서 교훈을 얻도록 해준다.
- 현재에 온전히 집중하면서 삶을 살아가고, 미래에 대해 긍정적인 시각을 갖게 된다.
- 자신의 몸과 마음, 영혼을 감싸고 보살피는 방법을 배운다.

- 새로운 사고방식과 행동 방식을 만들고 변화하는 방법을 알게 된다.
- 내 목소리를 되찾고, 나의 지지자가 되어준다.
- 스트레스로 몸과 마음이 약해지는 대신 도전 의식을 키우고 동기를 부여한다.
- 도움을 구하고 지원을 요청해서 위험을 별것 아닌 것으로 만들 수 있을 만큼 강인해진다.
- 용기와 신념으로 가득 차고, 유연한 태도로 내 삶을 다시 써 내려간다.
- 내가 잃어버린 것이 아니라, 내게 남은 것에 집중한다.

당신은 행복을 누리고 사랑받을 가치가 있다. 지금 그 상태로도 충분하다. 나 자신의 위대함을 깨닫고 흔들리지 않는 견고한 자존감을 세울 수 있도록, 실용적인 전략들을 배워보자!

목차

3 건강한 사고방식 만들기

인생을 바꾸는 생각 전환

4 과거 인정하기

과거에 갇히지 말고 과거에서 교훈 얻기

5 자기 자비 키우기

나에게 친절해지는 법 배우기

1

자신의 가치 높이기

자신의 진가를
깨닫지 못한 사람은
평온을 얻지 못한다.

- 마크 트웨인 -

낮은 자존감
극복하기

정서적, 정신적 건강 문제 대부분의 이면에는 낮은 자존감이 존재한다. 또한 낮은 자존감은 사람들이 상담을 받는 가장 흔한 이유다. 꽤 많은 정신적 문제가 낮은 자존감으로 인해 일어난다. 불안, 우울, 중독, 애정결핍, 과잉행동 장애, 인간관계 문제 등등. 수많은 이가 낮은 자존감 때문에 진정한 기쁨을 느끼지 못하고, 삶의 모든 면에 부정적인 영향을 받는다. 자존감이 낮으면 자신감도 사라지고 내 모습에 만족하지 못한다. 자신에 대한 감정에 영향을 끼칠 뿐 아니라 세상과 공감하는 능력도 망가진다. 인간관계, 일, 태도, 선택, 신체 건강, 심지어 수명에도 부정적인 요소로 작용한다.

정서적인 불안 측면에서 봤을 때 낮은 자존감은 가벼운 감기와 비슷하다. 정신 건강 문제 대부분의 기저에는 낮은 자존감과 자기

혐오가 깔려 있다. 인지행동치료를 창시한 에런 벡(Aaron Beck)은 1972년 자기비판과 우울증 사이에 강력한 상관관계가 있다는 것을 밝혀냈다. 벡에 따르면 우울증을 겪는 사람의 80퍼센트가 자신을 형편없다고 평가했다. '자기 결핍감'과 우울증 사이에도 높은 상관관계가 존재한다. 낮은 자존감은 불안, 식이 장애, ADHD(Attention Deficit Hyperactivity Disorder, 주의력 결핍 및 과잉행동장애)를 비롯한 여러 가지 문제에도 깊숙하게 엮여 있다.

낮은 자존감은 우리의 삶에 광범위하게 영향을 미친다. 그런데도 낮은 자존감 증세를 치료하는 약도 없고, 공식적인 정신 건강 진단 역시 존재하지 않는다. 우울증이나 불안 장애, 기타 흔한 정신 건강 문제와는 사뭇 다른 접근이다. 자존감은 유전적 소인과 환경에 따라 달라진다. 당신의 부모님은 동의하고 싶지 않겠지만, 당신이 나쁜 행동을 하는 것은 곧 당신이 나쁜 사람이라는 의미를 전달한다. 당신은 또래 집단에 속하는 데 어려움을 겪었거나, 왕따를 당했거나 거부당했을 수 있다. 정서적 학대, 언어 학대, 신체적 혹은 성적 학대의 피해자였을 수도 있다. 무조건적인 지지나 인정을 받아본 적이 없을지도 모른다. 확고한 지지나 인정을 줄 만큼 정신적으로 건강한 사람이 주위에 없다면, 쉽게 이런 문제가 생긴다. 아무리 그들의 의도가 좋았다 해도 말이다. 혹은 태생적으로 섬세하고 염려가 많은 사람이어서, 세상과 어울리지 못하고 자신과 자신의 가치에 의심을 품을 수도 있다.

자존감을 회복하려면 과거의 고통을 인정하되 과거가 현재보다 나에게 강한 영향을 끼치는 것을 거부해야 한다. 이를 적절히 조절하기란 쉽지 않다. 과거를 다시 경험하고 헤집는 대신 과거에서 배우고, 치유하고 성장해야 한다. 과거의 상처를 억누르는 대신 인정해야 한다. 그래야 자유로워질 수 있다. 끊임없이 과거를 재현하면 그 상태에 머무르게 된다. 상처를 치료하겠다고 헤집는 것은 다친 곳을 닦아내고 약을 바르는 것과 비슷하다. 딱지를 건드려 상태를 악화시키지 않으려면 주의를 기울여야 한다. 물론 이는 쉽지 않은 일이다.

새로운 요령을 배우고 생각하는 방식을 바꾸면 과거를 뒤에 두고 앞으로 나아갈 수 있다. 자존감은 얼마든 변할 수 있고, 지금 당장 바꿀 수 있다는 것을 반드시 기억해야 한다. 당신이 자신을 얼마나 사랑할지 결정하는 것에 따라 자존감은 쉽게 흔들릴 수도 있고 바위처럼 단단해질 수도 있다. 내가 받아온 평가는 중요하지 않다. 평생 낮은 자존감으로 살아야 하는 것은 아니다. 유전적 요소가 영향을 미치지만, 그럼에도 내가 나를 어떻게 해석하느냐에 따라 인생의 방향이 달라진다. 우리는 스스로 느끼는 것보다 훨씬 강력한 힘이 있어 자신의 생각을 얼마든지 좌우할 수 있다. 내 인생을 책임지고, 내 생각을 다시 빚고, 새로운 요령을 익혀서 자기애를 되찾아야 한다. 당신은 그럴 만한 가치가 있다.

자존감을 키우려면 공을 들여야 한다. 하지만 당신은 그럴 만한 자격이 있는 사람이다.

Tip1. 자존감 자세히 살펴보기

"자신의 진가를 깨닫지 못한 사람은 평온을 얻지 못한다."
― 마크 트웨인

자기애를 생각하면 휘트니 휴스턴의 1986년 히트송 〈가장 위대한 사랑(The Greatest Love of All)〉이 떠오른다. 휘트니 휴스턴은 스스로를 사랑하는 것이 세상에서 가장 중요한 사랑이라고 노래했다. 스스로를 사랑하면, 삶에 대한 애정도 강해진다는 말은 지극히 당연해 보인다. 자신에게 만족하지 않는다면 행복한 삶을 얻을 수 없다. 자신을 조건 없이 사랑하면 태도가 긍정적으로 변하고, 성장할 기회와 새로운 경험을 기꺼이 받아들인다. 아무리 나를 사랑해주는 사람이 있다고 해도, 자기애만큼 강력한 영향을 끼치지 못한다.

자신감과 성장, 유연한 태도를 갖춘 삶을 '변화 모드'라고 부른다. 변화 모드로 살면 성장과 변화를 수용하고 자신에 대해 자유로우며 실수를 용납한다. 그리고 차질이 생기더라도 나를 부정적인 존재라고 결론짓지 않고 거기서 교훈을 얻는다. 반면 세상은 안전하지도 공정하지도 않다고 배우게 되거나, 어려서부터 그런 인식을 머릿속에 새겨두었다면 성인이 되어서도 두려움과 불신으로 세상을 대한다.

두려움과 자기 불신으로 운신의 폭을 스스로 좁히고 있다면 '생존 모드'로 살고 있는 것이다. 생존 모드의 목표는 성장도 변화도 아니다. 그저 '그럭저럭 살아가는 데' 집중한다. 실수하지 말아야 하고, 일을 망치지 말아야 하며, 다른 사람이 나를 거부하거나 비판하지 않도록, 어떤 잘못도 저질러서는 안 된다. 조용히 나 자신을 보호하고 안전선을 지키는 것이 삶의 전부가 된다.

정서적 학대, 언어 학대, 혹은 폭력에 노출되었거나 방임된 경험이 있다면, 그 상처는 마음 깊숙이 새겨진다. 그런 상처를 간직하고 있는 사람은 세상은 안전하지 않고 두려운 곳이라고 생각한다. 예를 들어 어린 시절에 곤란한 상황에 빠지지 않으려면 눈에 띄면 안 된다고 생각했다고 하자. 이런 자기 보호적인 행동 패턴 때문에 친밀한 인간관계를 형성하는 데 어려움을 겪는다. 변화 모드가 아니라 생존 모드로 살아왔다면 다른 사람에 대한 불신과 변화에 대한 두려움으로 자신감이 결여된다. 자신을 보호하려는 보호막을 둘러친 까닭에 인생의 모든 분야에 핸디캡이 따라붙는다.

당신은 어떠한 상태에 있는가? 변화 모드보다 생존 모드로 사느라 시간을 허비하지 않았는가? 언젠가는 내 인생이 제자리를 찾을 것이라며 오래 기다리지 않았는가? 과거의 경험 때문에 앞으로 나아가지 못하고 있는가? 위의 질문 중 하나라도 동의한다면, 새로운 인생을 위해 실용적인 요령과 테크닉을 배울 준비를 해야 한다.

아래에 나오는 자존감의 각 분야에 대해서, 나는 1부터 10 중에 어디에 해당하는지 점수를 매겨보자. 각 항목에 점수를 매겼으면 모두 더해서 10으로 나누자. 몇 점이 나왔는가? 점수가 높을수록 자부심이 있는 자기 주도적인 사람이다. 점수가 낮을수록 간신히 생존하고 있는 것이다.

1	2	3	4	5	6	7	8	9	10

동의하지 않음   동의함   강하게 동의함

_____ 나 자신을 좋아하고 가치 있는 사람이라고 여긴다.

_____ 완벽을 기대하지 않고, 내 부족함은 물론 실패까지도 끌어 안을 수 있다.

_____ 이성적이고 긍정적으로 생각하는 경향이 있다. 내가 인지하는 것과 객관적 사실을 구분할 수 있다.

_____ 과거에 붙잡혀 있기보다 과거에서 교훈을 얻는다. 과거에 집착하면서 살고 싶지 않다.

_____ 일방적인 판단을 내리지 않고 현재에 집중하며 지금 이 순간을 인지하면서 살고 있다. 과거를 곰곰이 되짚거나 미래를 불안해 하며 살지 않는다.

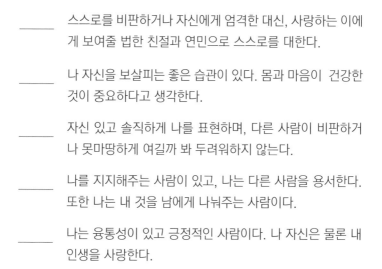

_____ 스스로를 비판하거나 자신에게 엄격한 대신, 사랑하는 이에게 보여줄 법한 친절과 연민으로 스스로를 대한다.

_____ 나 자신을 보살피는 좋은 습관이 있다. 몸과 마음이 건강한 것이 중요하다고 생각한다.

_____ 자신 있고 솔직하게 나를 표현하며, 다른 사람이 비판하거나 못마땅하게 여길까 봐 두려워하지 않는다.

_____ 나를 지지해주는 사람이 있고, 나는 다른 사람을 용서한다. 또한 나는 내 것을 남에게 나눠주는 사람이다.

_____ 나는 융통성이 있고 긍정적인 사람이다. 나 자신은 물론 내 인생을 사랑한다.

어떤 결과가 나왔는가? 어디에서 가장 높은 성취감을 느꼈고 어느 분야에서 좀 더 노력해야 하는가? 위에 있는 10개의 문장은 이 책의 10개의 장과 순서대로 맞물려 있다. 가장 심각한 문제부터 해결하고 싶다면, 가장 점수가 낮은 문제가 가리키는 장부터 읽기 시작하면 된다. 점수가 낮을수록, 그 주제에 대해 더 많은 요령을 익혀야 한다. 모든 질문에 고르게 점수가 높을수록 자존감이 견고한 사람이다. 있는 그대로의 나를 사랑하며 높은 자존감을 갖고 살 수 있다.

Tip2. 자존감의 중요성 이해하기

"당신의 허락 없이 당신의 자존감을 낮출 수 있는 사람은 없다."

− 엘리너 루스벨트(Eleanor Roosevelt)

자기 자신을 진심으로 좋아하려면 자존감이 필요하다. 자존감이 낮을수록 우울과 불안을 느끼게 되고 여러 가지 정신적, 신체적 문제를 겪게 된다. 자신이 싫어지면 남의 거절에 지나치게 민감해진다. 다른 사람의 발언을 비판으로 받아들이게 된다. 자신감이 부족할수록 다른 사람에게 인정받고 허락을 받으려 든다. 그래서 자신의 인정은 저 멀리 내던져버린다.

남의 허락에 매달리면, 정작 중요한 문제는 뒷전으로 넘기게 된다. 자신의 결정을 믿어야 하는데 이를 잊는 것이다. 자존감처럼 자신의 내부에 만들어야 하는 것은 남이 도와줄 수 없다. 거부당하는 것을 두려워하고 남의 허락을 받으려고 들수록 더 외롭고, 고립되고, 다른 이들에게서 떨어져 있다는 느낌을 받게 된다. 남이 나의 자존감을 좌지우지하게 둔다면 내게는 승산이 없다.

나에 대해 흡족한 마음이 들고, 모든 것이 순조롭게 풀린다는 믿음이 드는 순간조차, 자존감이 낮은 사람은 마음을 졸이며 불행을 기다린다. 남에게 인정받아 기분이 좋아지는 것도 일시적인 것이라는 것을 알기에 '다음에도 인정을 받을 수 있을까', '거절당하면 어쩌지'라는 두려움으로 기쁨이 퇴색된다. 남에게 인정을 받으려는 욕심은 우울증과 불안으로 가는 지름길이다.

리사 샵(Lisa Schab)은 『청소년을 위한 자존감 연습서(Self-Esteem Workbook for Teens)』에서 누구나 자신이 부족하다고 생각할 수 있다면서도, 태어날 때부터 어떤 사람이라고 정해져서 태어나지 않는다고 지적한다. 어떤 신생아실도 가치 없는 아이 전용과 가치 있는 아이 전용으로 갈라져 있지 않다. 누구도 그렇게 구분하지 않는다. 모든 아이가 똑같은 신생아실에서 보살핌을 받고, 똑같이 가치 있는 존재로 다뤄진다.

유감스럽게도 어떤 사람은 이런 소중함을 망각한다. 나는 가치 없는 존재라며 스스로에게 거짓말하고 이를 굳게 믿어버린다. 샵은 막 태어난 아이의 부모에게 "이 아기는 남들만큼 뛰어나지 않아요" 혹은 "이 아기는 열등해요"라고 말하는 의사는 없다고 지적한다. 나는 뛰어나지 않고 쓸모없는 존재라고 믿는 것은 터무니없는 짓이다. 가치 있는 소중한 인간이 갑자기 쓰레기로 변하지 않는다. 어떤 일이 있어도 나는 나만의 가치를 갖고 있다.

일이 원하는 대로 흘러가지 않더라도 자존감이 건강하면 나는 할 수 있다고 믿게 된다. 당신이라는 훌륭한 사람을 있는 그대로 신뢰할 준비가 되었는가?

이 연습은 스스로를 소중한 존재로 바라보는 힘을 길러준다.

1단계: 잠시 짬을 내서 자신이 어떻게 이 세상에 태어났는지 생각해보자. 더할 나위 없이 소중하고 귀하며 온전한 아름다운 아이였을 것이다. 하지만 자라면서 보호자나 형제, 가족, 친구들이 부정적인 메시지를 던지고 당신에게 필요한 지지를 보내지 않았을 수 있다. 당신이 잘되기를 바라는 이들조차 당신을 가르치고 훈육하려고 날 선 목소리를 냈을지 모른다. 그런 지적을 받으면서 당신은 자신이 '좋아할 만한' 사람이 아니거나 '나쁜' 사람이라고 믿게 될 수 있다. 당신이 갖게 된 부정적인 인상을 되살려보고, 다시 한 번 새로운 관점에서 바라보자.

2단계: 부정적인 메시지들을 적어놓고 객관적으로 바라보자. 이런 메시지들은 과연 사실일까? 혹은 그저 남의 생각에 불과하지 않았을까? 예를 들어 인기가 없다고, 매력적이지 않다고, 멍청하다고 학교에서 놀림받았다고 해보자. 이런 괴롭힘이 진실한 내 모습을 반영하는가, 아니면 나를 괴롭혔던 사람을 반영하는가?

3단계: 아이일 때 사진이 있다면, 하나를 골라 당신이 얼마나 예쁘고 소중한지 살펴보자. 사진이 없다면, 아이일 때를 상상해보거나 아무 아이의 사진을 골라서 그 아이가 자신이라고 생각해보자. 어린아이가 보여주는 타고난 아름다움을 찾을 수 있을 것이다.

4단계: 아이 때의 나를 그려보자. 잘 그릴 필요는 없다. 그림 실력을 평가하는 자리가 아니다. 새로운 시각에서 자신을 그려보고, 나에 대한 관점을 재창조하는 연습이라고 생각하면 된다.

5단계: 그림을 바라보면서 당신이 훌륭하지 않고, 똑똑하지 않고, 매력적이지 않고, 호감을 주지 않는다는 메시지들, 이전에 받았고 지금도 받는 메시지들을 떠올려보자. 이런 메시지 중에 내가 던진 메시지는 몇 개나 될까? 내가, 혹은 남이 던진 부정적인 생각이나 비판적인 메시지가 하나씩 떠오를 때마다 당신을 그린 종이를 작게, 혹은 크게 찢어보자. 당신의 자존감을 갉아먹는 생각마다 종이를 찢으면서 자신을 찢고 있는 모습을 상상하는 것이다. 떠오르는 생각마다 종이를 찢어낸 뒤, 종이가 얼마나 온전히 남아 있는지 보자. 남은 종이가 당신이 가진 자존감의 크기다.

6단계: 당신의 관점, 지식, 지지가 찢어진 종이를 얼마나 다시 붙일 수 있는지 생각해보자. 일종의 접착테이프처럼 말이다. 산산이 찢겨진 느낌이 들었더라도 이제는 나를 치료하고 온전한 자신을 되찾아야 한다. 당신의 자존감 조각을 모아서, 파괴적인 메시지를 좀 더 친절한 메시지로 대체해보자.

당신을 충만하게 하려면, 어떤 메시지를 던져주어야 할까? 어떤
메시지를 말해줄 수 있을까? 무엇이 당신에게 영향을 줄 것인가?
이는 온전히 당신의 손에 달려 있다. 내 안에 있는 목소리인가,
다른 사람의 말이나 행동인가? 누가 뭐라고 하던 당신은 소중한 사
람이다. 당신은 충만함을 느낄 자격이 있다.

Tip3. 무조건적인 자존감 만들기

"조건부라는 점에서 자존감은 인류에게 가장 치명적인 병이다."
– 앨버트 엘리스(Albert Ellis)

　자존감이 중요하다는 사실에 이의를 제기하는 사람은 없다. 하지만 자존감을 어떻게 이해하느냐에 따라 바람직한 자존감이 세워지기도 하고 불행의 근원이 심어지기도 한다. 다른 사람과 자신을 비교해가며 자존감을 얻었다면, 이는 평생 골칫거리가 될 수 있다. 사람은 어떤 면에서는 우월감을 느끼기도 하지만 다른 면에서는 열등감도 자주 느낀다. 어떤 분야에서 특출한 사람은 어디에나 있기 마련이고, 내가 특히 잘하지 못하는 분야도 항상 있기 때문이다.

　남보다 성공하고 우월해야만 느낄 수 있는 조건부 자존감과, 자신이 가치 있다고 굳게 믿으면서 우러나오는 무조건적인 자존감을 구분할 필요가 있다. 불행하게도 우리는 평균보다 위에 있거나, 남보다 뛰어나거나 성공해야 가치 있는 사람이라는 가르침을 받으면서 자라왔다. 그래야 자존감을 얻을 수 있다고 말이다. 내가 남보다 뛰어나야만 만족한다는 이야기는 그런 성취를 얻지 못할 때는 자신을 싫어한다는 말이 된다. 모든 사람이 항상 1등급을 받을 수는 없다. 성과가 있어야, 호감이 가는 사람이 되어야, 성공해야만 자신의 가치를 확신할 수 있고, 그렇지 못할 때는 가치가 없다고 생각하는 것은 동전의 양면과 같다. 어떤 조건(예를 들어 남들보다 뛰어나야 한다)에 따라 자신에 대한 감정이 달라진다면, 불행해질 수밖에 없다.

간단히 말해서, 내가 어떤 사람인지가 중요하지 않고 무엇을 해냈는지에 따라 자존감이 좌우된다면 문제가 있는 것이다. 특히 남과 비교하기 시작하면 사태가 심각해진다. 조건부 자존감은 내가 뛰어날 때는 문제가 없지만, 남보다 뛰어나지 못하면 나를 절망에 빠뜨린다. 성공을 거둔다면 조건부 자존감은 옆에 있을 테지만, 내가 부족할 때는 나를 버리고 떠나버린다. 자존감이 가장 필요한 바로 그 시점에 떠나버리는 것이다. 1970년대의 인기 가수 랜디 밴워머(Randy VanWarmer)의 히트송, 이별 후의 괴로움을 노래한 〈당신이 내게 가장 필요한 바로 그때(Just When I Needed You Most)〉가 생각나는 순간이다. 이 노래는 무조건적인 사랑을 노래했는데, 나는 이 노래가 가장 어려울 때 스스로를 저버리는 고통을 통렬하게 묘사하고 있다고 생각한다. 가장 필요한 그 순간에 내가 나를 내버리는 셈이다. 자아 수용이 필요한 시기에 자존감이 낮은 사람들은 장애물을 또 다른 자학의 도구로 삼아버린다.

ACT(Acceptance and Commitment Therapy, 수용 전념 치료)를 창시한 스티븐 헤이스(Steven Hayes)는 2005년 자기 수용 능력을 개선할 실용적인 해결책을 제시했다. ACT는 새로운 치료 방식이지만, 다양한 시각화 수단을 제공하며 인기를 얻고 있다. ACT는 다른 사람의 의견이나 나의 성취에 따라 나의 가치를 매기는 대신 자기 자신을 있는 그대로 수용하도록 도와준다.

당신은 어떤 방식의 자존감을 갖고 있는가? 지나치게 조건적이지 않은가? 있는 그대로의 모습과 부족한 점을 받아들이기 어려웠던 때는 없는가? 이제 무조건 자신을 사랑하고 스스로를 존경할 때가 되었다.

──────── 시도해보기 ────────

여기 소개하는 3개의 시각화 방식은 ACT에서 가져온 것으로, 편견이나 판단 없이 자신을 있는 그대로 받아들이는 방법을 익히도록 도와준다.

1단계: 3개의 시각화 시나리오를 읽고, 상징적 이미지를 통해 자기관(自己觀)과 자기 수용 방식을 변화시켜 보자.

퀵샌드* 시각화: 퀵샌드에서 빠져나오려고 몸부림칠수록 몸은 더 깊이 빠져든다. 마찬가지로 생각의 흐름을 멈추려고 하거나 이에 저항하려고 할수록 상황이 악화된다. 다른 사람처럼 되고

───────────────

* 하구, 호반 등에 보이는 특수한 모래땅을 말한다. 언뜻 보기에는 딱딱한 땅 같지만 발을 대면 순식간에 빨려 들어가 몸이 가라앉는다.

싶다고 생각하거나, 가장 뛰어난 사람이 되고 싶다고 욕심을 부리거나, 다른 사람의 인정을 받으려고 할 때 퀵샌드를 떠올려보라. 거부라는 함정에 빠지는 대신 스스로에게 질문을 던져보자. 나를 부정하기보다 나의 가치를 찾으려고 든다면 내 인생이 어떻게 바뀔까?

버스 승객 시각화: 버스를 몰고 있다고 생각해보자. 나를 있는 그대로 받아들이고 사랑할 수 있는 능력을 키우겠다는 목표를 갖고 버스를 운전하는 것이다. 짜증을 내는 승객이 한 명 타고 있다. "너는 좋아할 수가 없어", "넌 너무 부족해", "넌 정말 멍청해", "뚱뚱해", "못생겼어" 같은 말을 내뱉는다. 자신을 받아들이려는 노력을 거부하면서 제멋대로 판단하고 비판하는 마음이 바로 이 짜증 내는 승객이다. 이 승객의 말에 귀 기울이지 않고 앞만 내다보며 버스를 모는 자신을 그려보자. 자기 긍정과 자기애의 땅에 도착할 때까지 목표에 집중하는 것이다. 운전대를 잡은 사람은 당신이기에 비판 메시지를 무시할 수 있다. 이런 비판은 자기 긍정을 할 수 없도록 방해한다. 자기애로 가는 여정 속에서는 그 누구도 아닌 당신이 주체적으로 차를 운전하고 있다는 사실을 명심하자.

생각 열차 시각화: 다리에서 기차를 쳐다보고 있는 모습을 그려보자. 각각의 화물칸마다 당신에 대한 비평이나 부정적인 생각

이 쓰여 있다. 예를 들어 한 화물칸에는 "나를 좋아하는 사람은 없어"라고 쓰여 있고, 다른 칸에는 "내가 좀 더 똑똑했다면"이라고 쓰여 있다. 기차가 지나가는 것을 바라보면서, 각 문장의 진위를 파악하는 대신 이런 생각이 내게서 멀리 떠나간다고 생각해보라. 생각을 그저 바라보는 태도를 익힐수록 이에 대한 믿음도 약해져간다. 부정적인 생각을 멀찍이 떨어져서 바라보면 그 생각에 대한 집착이 덜해진다.

2단계: 시각화를 진행하면서 아래 질문을 던져 보자.

- 시각화를 하면서 어떤 생각을 활용했는가?
- 나를 의심하는 생각에서 멀어지면 어떤 느낌이 들까?
- 도움이 안 되는 생각 중 어떤 생각 때문에 샛길로 빠지게 되는가? 어떤 목표를 세우면 내가 다른 길로 빠지지 않을까?

3단계: 가장 도움이 되는 시각화를 한 개 이상 골라낸 뒤, 이를 떠오르게 하는 비유적 물건을 하나 찾는다. 찾은 물건을 책상, 자동차, 부엌처럼 눈에 잘 띄는 곳에 놓는다. 예를 들어 장난감 기차는 부정적인 생각을 기차에 실어서 날려 보내는 것을 상기시켜주는 상징이 될 수 있다. 이를 보면서 부정적인 생각으로부터 거리를 두는 것이다.

이제는 샛길로 빠지는 나를 방치하는 대신, 내 길을 찾아가고, 부족한 부분을 인정하고, 나의 여정을 신뢰해야 하지 않을까?

Tip4. 자존감을 키워주는 새로운 감정 언어 배우기

"인간에게서 도저히 앗아갈 수 없는 것이 하나 있다. 어떤 환경에서라도 어떤 태도를 보일지는 전적으로 그 사람에게 달려 있다. 인간에게 주어진 마지막 자유다."

– 빅토어 프랭클(Victor Frankl)[*]

다른 나라로 이민을 가도 억양이 변하지 않는다는 사실은 놀랍다. 새로 배운 말을 능수능란하게 하더라도 모국어의 억양은 수십 년 동안 여전히 남아 있다. 새로운 나라에서 오래 살아도 달라지지 않는다. 이것만 봐도 우리가 처음 배운 언어, 즉 모국어의 영향이 얼마나 강한지 가늠할 수 있다.

나는 감정 언어를 배운다는 개념을 좋아한다. 생각과 행동에서 감정을 분리하려고 할 때 생각을 따져보고 변화를 주면 감정과 행동 역시 달라진다는 것을 보여주고 싶다면, 심리학자 앨버트 엘리스의 ABC 모델(ABCDE 모델이라고도 한다)이 효과적이다. ABC 모델을 사용하면 감정 언어를 바꾸고, 자존감을 북돋을 수 있다. 1950년대에 처음 개발된 이 모델은 자존감을 짓누르는 내면의 목소리를 잦아들게 하는 인기 있는 방법이다.

---

[*] 오스트리아 출신의 유대계 정신과 의사이자 심리학자. 아우슈비츠에서 살아남은 경험을 바탕으로 실존주의 치료의 하나인 의미치료(Logotherapy)를 창시했다.

기본적인 ABC 모델은 다음과 같다.

A=촉발 사건(Activating Event)**:** 감정적으로 상처를 입거나 자신에 대한 의심, 좋지 않은 행동이나 선택을 불러오는 상황을 뜻한다.

B=믿음(Beliefs)**:** 감정적 상처를 입게 된 이면에는 어떤 믿음이 있다. 즉, 생각이 뒤틀려 있거나 좋지 않다면 느낌이나 행동 역시 나쁜 방향으로 흘러간다. 연인과 헤어진 상황을 생각해보자. 이별 자체로 당신의 가치가 사라지지 않는다. 이별에 대한 생각에 따라 자신을 바라보는 방식이나 이별에 대한 대응 방식이 결정된다. 요약하자면, 그 누구도 나를 절망에 빠뜨리거나 술을 마시도록 몰아가지 않는다. 그렇게 만드는 것은 내 생각이다.

C=결과(Consequences, 여기에서는 감정과 행동의 결과를 말한다)**:** 촉발 사건에 대한 믿음에서 어떤 감정과 행동이 나왔는가? 예를 들어 우울, 불안, 슬픔, 분노 등은 상처 입은 감정이고, 이런 감정으로 인해 폭식이나 폭음을 하게 된다. 기분을 완화해주는 약을 복용하기도 한다. 이때 폭식, 폭음, 투약이 감정에 대응하기 위해 표출된 행동 결과다.

D=비이성적인 생각에 이의 제기하기(Dispute the Irrational Thoughts)**:** 스스로를 망치는 감정이나 행동을 불러오는 생각이 무엇인지 파악

하고 나면, 다음과 같은 질문을 던져서 이런 생각에 이의를 제기해야 한다. "그런 믿음이 사실이라는 증거가 어디에 있지?", "내가 혼자라고 해서 나의 가치가 사라질까?"

E=비이성적 생각에 이의를 제기한 효과(Effect of Disputing Irrational Thoughts): 비이성적인 생각에 이의를 제기하면 건전하고 긍정적으로 생각하고 행동할 수 있다. 예를 들어 연인과 헤어져서 슬퍼도 이별을 자신을 비하하거나 자책하는 구실로 써먹지 않는다. 그 결과 폭식이나 폭음처럼 스스로를 망치는 행동을 하지 않게 된다.

당신은 어떠한가? 건강하지 않은 감정 언어 사용을 멈추고 자신을 사랑하고 받아들일 준비가 되어 있는가? 당신을 붙잡고 있는 감정적 장벽을 놓아버릴 때가 되지 않았는가?

시도해보기

ABC 모델을 사용해서 당신의 경험을 들여다보자.

1단계: A(촉발 사건이나 실제 사건)와 C(결과) 사이에 놓여진 B(믿음)를 좀 더 인식한다면 삶이 어떻게 달라질지 생각해보자. 연습을 하다 보면, 사건이 당신에게 미치는 영향을 조절할 수 있다. 외부에서 일어나는 사건과 당신이 그 사건에 대해 느끼고 반응하는 방식 사이에 놓인 생각들을 선명하게 의식하기 때문이다. 생각에 이의를 제기할 때, 좋지 않은 사고방식에 반대 의견을 제시하는 요령을 배우게 된다. 인생을 바꾸기 위해 생각을 먼저 바꾸는 것이다. ABC 모델이 단순해 보일지 몰라도, 이를 제대로 실행하려면 꽤 많은 연습이 필요하다. 새로운 언어를 배울 때는 연습만이 답이다.

2단계: 적어도 몇 주 동안 매일 ABC를 기록해보자. 매일 한두 개만 기록해도 괜찮다. 새로운 언어를 배울 때, 새로 운동이나 기술을 배울 때도 그렇듯이, 한두 번 연습해서는 눈에 보이는 성과를 거둘 수 없다. 나만의 ABCDE를 기록하면서 주기적으로 반복해야 한다. 그러면 생각이 떠오를 때마다 무의식적인 흐름을 막고 내가 원하는 방향으로 생각을 바꿀 수 있다.

새로운 언어를 배우기에 늦은 때란 없다. 당신은 자신의 생각과 감정에 책임을 지고 인생을 관리할 수 있는 사람이다.

Tip5. '그 정도면 충분한 세상'에서 살기

"그 정도면 충분하지 않다는 생각에 사로잡혀 살았다. 그 정도면 충분히 훌륭하지 않아, 충분히 예쁘지 않아, 충분히 마르지 않아."

– 오프라 윈프리

모든 사람이 가고 싶어 하는 세상이 있다. 매우 가까이 있어 보이다가도 멀어지는 그런 세상이다. 이 세상에서는 완벽해질 필요도, 지금보다 나은 사람이 될 필요도 없다. 이 세상에서 당신은 원래부터 소중하다. 무엇을 이루어내야만 소중해지는 그런 세상이 아니다. 사람들은 믿음직하고 친절하고 진솔하다. 무엇을 해냈는가로 평가받지 않고, 자신의 모습 그대로 받아들여진다. '넌 이래야만 해'라는 기대가 존재하지 않는다. 사랑, 평화, 기쁨이 주위에 흘러넘친다. '그 정도면 충분한 세상(Land of good enough)'이다.

위의 인용문은 2017년 4월 『피플(People)』과의 인터뷰에서 오프라 윈프리가 한 말이다. 지구에서 가장 성공한 사람으로 손꼽히는 그녀조차 '그 정도면 충분한 세상'에 속하려고 고군분투해왔다. 우리 같은 사람이 고군분투하는 것은 당연할 지경이다. 더할 나위 없이 성공한 오프라 윈프리조차 충분하지 않다고 느꼈다면, 그녀처럼 유명하지도 부유하지도 않은 우리 같은 사람이 과연 '그 정도면 충분한 세상'에 받아들여질 수 있을지 의심하는 것이 당연하다.

'그 정도면 충분한 세상'은 완벽주의와 경쟁에서 당신을 안전하게 지켜준다. 어떤 편견도 없이 실수와 결점을 허용해주고 용서가 가득하다. 1997년 『부서진 영혼을 고치는 공구상자(How Good Do We Have to Be?)』를 출간한 해럴드 쿠슈너(Harold Kushner)는 최고가 아니면 실패한 사람이라고 믿게 만드는 사회의 작태를 한탄했다. 그는 전국 맞춤법 대회에서 2등을 했는데도 실패자라고 느낀 경험을 이야기해준다. 대회에서 2등을 한 어린 쿠슈너는 '통곡의 방'으로 가도 된다고 허락을 받았다. 전국 2등을 했는데도 울어야 한다고 사람들은 생각했다! 이 이야기만 봐도 우리가 자신을 받아들이고, 가치를 입증하려고 완벽주의를 추구하지 않는 것이 얼마나 중요한지 알 수 있다. 전부 아니면 아무것도 아니라는 사고에 이의를 제기하고 완벽주의를 극복할 수 있다면(이는 다음 장에서 집중적으로 다루기로 한다), 우리는 '그 정도면 충분한 세상'에서 살 수 있다.

당신은 어떠한가? '그 정도면 충분한 세상'에서 행복하게 살기보다는 완벽을 찾아 헤매고, 실패 아니면 성공이라는 태도를 갖고 있지 않은가? 당신에게 상처를 주기보다 당신을 도와주는 방식으로 생각을 바꾸고 싶지 않은가? 당신의 인생을 제어하기 위해 자기 생각을 제어할 준비가 되어 있는가?

　이 책의 도입부에서 강조했듯이, 주어지는 숙제를 하다 보면 낮은 자존감 속에 깔린 '전부 아니면 말고'라는 해로운 생각에 태클을 걸 수 있다. 그래서 글쓰기의 혜택은 무궁무진한 것이다.

1단계: '전부 아니면 말고'라는 극단적인 방식으로 사고하는지 파악하기 위해, 건강한 생각과 그렇지 못한 생각을 분리해보자. 스트레스를 받는 어려운 상황에 직면했을 때 당신은 어느 방향으로 생각하는 편인가?

2단계: 일기장이나 컴퓨터 문서 프로그램에 아래와 같은 표를 만들어보자. 제목 자리가 2개 있어야 한다. 첫 번째 열에는 '전부 아니면 말고'라는 생각을 적어놓는다. 낮은 자존감을 불러오는 좋지 않은 생각을 적어도 3개 찾아보자. 두 번째 열에는 앞서 쓴 3개의 생각을 보다 건강하고, 이성적인 생각으로 바꿔보자. '전부 아니면 말고'라는 극단적인 생각이 당신에게 어떤 해를 끼치며, 이성적이고 건강한 사고가 어떻게 사실을 반영하고 힘을 북돋아주는지 면밀히 살펴보라.

'전부 아니면 말고' 라는 사고	이성적이고 건강한 사고
그렇게 말하다니 정말 끔찍하네!	그렇게 말하다니 마음이 상해.
나는 제대로 하는 일이 없어.	이 숙제는 어려운 걸.
나는 실패자야.	이대로도 충분해.

3단계: 양면을 모두 쓸 수 있는 정리용 카드의 한쪽 면에 '전부 아니면 말고' 생각을 쓰고 반대 면에는 이성적이고 건강한 사고를 쓴다. 부정적이고 자멸적인 생각이 떠오를 때마다 새로운 카드를 꺼내서 이를 쓰고, 뒷면에는 보다 건강한 대안을 기재한다. 이는 '대처 카드(Coping card)'의 변형인데, 대처 카드는 CBT 같은 치료에서 많이 쓰는 방식이다. 이 카드를 들고 다니면서 그때그때 들여다보면 좀 더 건강한 마음을 가질 수 있다.

'전부 아니면 말고'라는 사고방식을 제지하다 보면, 나와 내 삶을 더욱더 사랑하게 될 것이다.

나의 대처 카드

'전부 아니면 말고' 라는 사고

이성적이고 건강한 사고

2
자신의 불완전성
받아들이기

완벽을 추구한다면
절대 만족할 수 없다.

– 레브 톨스토이 –

완벽주의
극복하기

실수를 저지르거나, 멍청하다거나 별거 아니라는 말을 들을까 봐 걱정한 경험이 있는가? 일을 망칠까 봐 불안해서 몸과 마음이 너덜너덜해진 적이 있는가? '실수한다'는 곧 '너는 실패자야'라는 뜻이라고 생각하는가? 나에게 인정을 받는 대신 남에게 인정을 받으려고 끊임없이 노력하는가?

위의 질문 중 어느 하나라도 '그렇다'라는 답이 나온다면, 당신은 완벽주의로 인해 정서 장애를 겪고 있는 것이다. 완벽주의는 자존 감을 훔쳐가는 주범이다. 완벽주의는 최선을 다하는 것으로 끝나지 않는다. 사실, 완벽주의는 있는 그대로의 자신이 되는 것과 전혀 무관하다. 완벽주의는 당신이 이래야만 한다고 생각하는 것과 깊은 관련이 있다. 또한 다른 사람의 생각에 너무 신경 쓰게 한다. 자기애와 수용이 아니라, 평가와 판단에 근거한 잣대다. 완벽주의자는 내가 일정 수준을 이뤄내지 못하면 부적합하고 결함이 있는 사람이라고, 최악의 경우에는 쓸모없는 존재라고 생각한다.

완벽주의는 웰빙(Well-being)에 대한 생각과 정신 건강에만 영향을 미치지 않는다. 완벽주의에 집착하는 불안한 마음은 신체 건강에 손을 뻗치고 암, 심장 질환, 소화기 질환, 면역 체계 약화 등 다양한 병을 불러온다. 우울증, 강박신경증세, 신체이형증(Body dymorphia, 인체 부위가 비정상적으로 커지는 증세) 역시 완벽주의의 부산물이다.

CBT 심리학자이자 작가 데이비드 번스(David Burns)는 완벽주의란 이룰 수 없는 목표와 같다고 묘사한다. 번스에 따르면 완벽주의자는 "상식선이나 가능한 범위를 넘는 수준의 목표를 설정하는" 사람이며 "그 불가능한 목표를 향해 강제적이고 끊임없이 자신을 옭아매면서 생산성과 성과에 따라 자신의 쓸모를 측정하는" 사람이다. 남보다 뛰어나려는 욕심은 완벽주의자를 자멸에 빠지게 한다.

당신은 어떠한가? 완벽해지겠다는 욕심에 괴로워하고 있는가? 당신의 목표가 너무 높고 달성하기 어렵지 않은가? 완벽해지려고 노력하는 것을 내려놓고, 현재의 자신을 온전히 끌어안을 준비가 되어 있는가?

Tip6. 완벽주의의 문제 파악하기

"완벽을 추구한다면, 절대 만족할 수 없다."

– 레프 톨스토이*(Lev Tolstoi)*

몇 년 전에 상담한 고객에 대한 기억이 종종 떠오른다. 연구소에서 기술자로 일하는 완벽주의자였다. 왜 그렇게 일을 망칠까 봐 두려워하냐는 나의 질문에 그녀는 매섭게 설명했다. "난 이미 실수를 많이 했어요. 더는 하나도 용납할 수 없어요." 나는 "그렇다면 실수에 대한 기억이 꽤 많겠어요. 내게 몇 개를 말해줄 수 있어요?"라고 질문했다. 흥미롭게도 그녀는 실수 한두 개를 설명하는 것이 고작이었다. 하지만 그 실수는 그녀의 인생을 집어삼키고 실패자라는 낙인을 찍었다.

수치심을 연구하는 브레네 브라운(Brené Brown)은 2010년 수치심과 완벽주의 간의 상관관계를 조사했다. 브라운은 완벽주의를 몰아가는 숨은 원동력이 수치심이라고 보았다. 수치심과 낮은 자존감은 복잡하게 얽혀 있다. 수치심을 느끼는 근본에는 나는 쓸모없고, 누구도 나를 좋아하지 않는다는, 나는 자격이 없는 존재라는 느낌이 팽배하게 깔려 있다. 그 결과 나는 어쩔 수 없는 결함 많은 사람이며, 심지어 나쁜 인간이라고 생각하게 된다.

수치심과 죄책감을 혼동하는 것은 흔한 일이다. 자학이 만연해지면 지나친 죄책감으로 인해 수치심을 느끼게 된다. 하지만 죄책감 자체는 나쁜 감정이 아니다. 남에게 해를 끼치거나 잘못된 일을 했을 때 어느 정도 후회나 죄책감을 느끼는 사람은 자신의 실수에서 교훈을 얻고 좀 더 나은 행동을 하게 된다. 반면 수치심은 바람직하지 않다. 더 잘하라고 북돋아주지도 않으며, 그저 우리를 더 나쁜 상태로 몰아넣고 우리의 마음을 두들겨 부순다. 나는 쓸모 없고 태어날 때부터 희망이 없었다고 생각하며 수치심을 느낀다. 행동을 고치도록 동기를 부여하지도 않고 행동 개선에 도움이 되지도 않는다. 자신에 대한 사랑과 존경을 망가뜨릴 뿐이다.

지나친 수치심을 느끼는 사람에게 잘 먹히는 방법이 하나 있다. 건강한 죄책감과 불필요한 수치심을 구분해서, 수치심에 근거한 생각에 의문을 제기하고 이런 생각을 고쳐야 할 목표로 바꾸는 것이다.

"이랬어야만 해"라는 메시지를 강요하는 수치심을 떨쳐낼 준비가 되었는가? 스스로를 의심하는 버릇을 멈추고 자존감을 키울 준비가 되었는가?

　수치심과 죄책감을 구분하는 연습을 해보자. 수치심에서 우러나오는 생각을 바꾸는 데 도움이 될 것이다.

1단계: 수치심을 느끼는 이유를 5가지 이상 써보자. 자존감이 낮다면 나를 낮추고 비판하는 말을 많이 하고 있을 것이다.

2단계: 앞에서 적은 목록을 보면서, 대답 중 몇 개가 건전한 죄책감이고 몇 개가 수치심에 해당하는지 자문해보자. 가까운 사람에게 화를 낸 것을 후회한다면 그것은 죄책감이다. 죄책감을 느꼈다면 이를 기반으로 화를 다스리고 절망감을 좀 더 적극적으로 다스릴 수 있게 된다. 건전한 죄책감은 건전한 행동을 촉진시킨다. 다음에는 좀 더 잘 처신하게 해준다. 수치심은 "나쁜 일을 했으니, 나는 나쁜 사람이야"라는 말처럼 잘못된 논리에 따라 자신을 쓸모없다고 판단해버린다.

3단계: 수치심을 보여주는 항목을 살펴보자. 스스로를 부정하는 문장이 얼마나 비뚤어져 있는지, 얼마나 일상에 만연해 있는지 보자. 자신을 깎아내리는 말에 초연해지기 위해 지금 실천할 만한 목표는 무엇이 있는지 써보자. 다음과 같은 표를 만드는 것이 도움이 될 것이다. 첫 번째 열에는 죄책감은 없지만 수치심이 들어간 생각을 기록한다. 두 번째 열에는 그 생각에 어떤 완벽주의적 시각이 들어 있는지 쓴다. 세 번째 열에는 수치심을 통제 가능한 건전한 목표로 바꿀 수 있는 방법을 쓴다.

수치심에 근거한 생각	완벽주의적 시각	생각을 목표로 전환하기
나는 실패자야.	나는 잘못이나 하다 못해 작은 실수라도 하고 싶지 않아. 그 래서 회의에서 발언 하는 게 무서워.	회의 때마다 한 번은 발언해볼 거야. 나중 에 후회할 말을 하더 라도, 내가 멍청하다 는 뜻은 아니지.

4단계: 세 번째 열에 쓴 문장을 다시 읽어보고, 완벽주의를 추구하 는 내면의 목소리를 바꾸면 인생이 얼마나 달라질지 상상해보라. 문제에만 신경 쓰는 완벽주의적 태도를 버리고 해결책과 목표에 집 중하면 어떨까?

해결할 수 없는 과거의 문제에 집착하는 대신, 행동할 수 있는 긍 정적인 미래로 움직이려면 어떻게 해야 할까? 당신은 그런 미래로 갈 수 있다!

Tip7. 마음속 비평가 잠재우기

"수년 동안 당신은 스스로를 비난해왔지만 달라진 것은 아무것도 없다. 스스로를 인정하려고 노력해보고 어떤 일이 벌어질지 지켜보라."

- 루이즈 헤이(Louise Hay)

자존감이 낮다면, 당신 마음속 비평가는 어떻게 해야 당신이 자극을 받는지 잘 알고 있는 것이다. 마음속 비평가는 그 누구보다 강력한 영향력을 행사한다. 과연 누구의 목소리를 듣고 있는 것인지 생각해본 적이 있는가? 한쪽으로 기울어진 사람, 나를 지지해줄 수 없을 만큼 건강하지 못한 사람들 즉, 비판적이고 편파적인 부모나 친척, 교사, 친구의 목소리를 듣고 있는 것은 아닌가? 내가 원하는 방향으로 움직이지 않았다고 해서 당신이 나쁘거나 사랑스럽지 않다고 치부해버리는 사람 옆에서 성장하지 않았는가? 나쁜 일을 한다고 해서 나쁜 사람이 아니라는 확신을 받지 못했는가?

아무리 부모가 선한 의도를 지녔다고 해도 인본주의 심리학자 칼 로저스(Carl Rogers)가 '무조건적인 긍정적 관심'이라고 한 환경을 조성하지 못할 수 있다. 당신에게 중요한 사람을 탓하려는 것이 아니다. 일부러 잘못 행동하려고 마음먹는 사람은 없다. 그저 조건적이고 비판적인 메시지가 자존감을 망칠 수 있다는 사실을 이해하기 바랄 뿐이다. 당신이 부족하거나 똑똑하지 않다는 뜻이 담긴 메시지를 전달받으면, 스스로를 부족하고 사랑받을 만한 자격이 없다고 보게 된다.

당신이 어렸을 때, 당신을 돌봐준 사람들을 생각해보자. 그들은 그저 당신이 뛰어나지기를 바라며, 좀 더 나은 사람이 되라고 도와주는 과정에서 무심코 잘못된 교육을 했을 수 있다. 그 결과 당신은 스스로 부족한 사람이라고 믿게 되었다. 또래 집단에서 비하당하는 불행을 겪었다면, 그 아이들이 당신을 부르던 별명에 내심 동의했을 수 있다.

당신 마음속 비평가가 누구의 목소리를 대변하고 있건, 이제는 분연히 일어설 때다. 더 이상 비판의 목소리가 당신을 지배하지 못하게 해야 한다. 마음속 비평가에게 귀를 기울이면 행복과 기쁨을 빼앗길 뿐이다. 그 목소리가 매우 설득력 있게 들리더라도, 모두 거짓이라는 것을 명심해야 한다. 아무리 결함이 많은 사람이라도 존중받을 자격이 있다. 특히 자기 자신에게 존중받아야 한다!

당신 마음속 비평가에게 귀를 기울이느라 너무 많은 대가를 치르고 있지 않은가? 머릿속에 반복적으로 울려 퍼지는 말에 반기를 들고, '전부 아니면 말고'라는 생각이 끼치는 해악에서 자유로워질 때가 되었다.

시도해보기

이 연습을 하면 당신 마음속 비평가를 정면으로 마주하고, 영원히 내쫓아버릴 수 있다.

1단계: 마음속 비평가가 어떤 말을 하는지 생각해보고, 그 말들을 적어본다. 당신의 마음속 목소리가 하는 말은 다 적어낸다. 당신의 기분을 상하게 하는 불편한 목소리를 최대한 정직하게 써 내려간다.

2단계: 당신이 써 내려간 마음속 비평가의 말을 크게 읽어라. 휴대전화나 컴퓨터, 혹은 다른 기기에 녹음하라. 꼭 써놓은 대로 읽을 필요 없고, 마음대로 과장해도 된다. 완곡하게 돌려 말하지 말고, 마음속 비평가가 말한 그대로 말해야 한다!

3단계: 녹음한 것을 반복해서 계속 듣는다. 비평가의 말이 더 이상 그럴듯하지 않고 지겨워질 때까지 반복해야 한다. 비평을 입 밖으로 뱉고 나면, 그 생각이 더 이상 당신의 머릿속에서 맴돌지 않게 된다. 수치심을 불러일으켜온 메시지가 얼마나 허무맹랑한지 객관적으로 볼 수 있게 된다. 이제 그 메시지에 휘둘리지 않는 것이다. 무턱대고 그 메시지를 믿을 게 아니라 객관적으로 관찰해보라.

4단계: 나를 깎아내리는 메시지가 하찮아 보일 때까지 반복해서 들은 다음, 각각의 문장을 하나씩 끄집어내서 논박해보자. 부정적인 믿음마다 왜 그 비판이 틀렸는지 도전해보는 것이다.

5단계: 나를 인정하고 사랑하는 문장을 써서 비판적인 메시지와 대립시키자. 예를 들어 "나는 실패자야"와 "다른 사람이 나보다 훨씬 낫지"라는 문장이 있다면 "나는 인간이고 실수하기 마련이지만, 그것이 곧 내가 실패자고 남보다 쓸모없다는 뜻은 아니지"라고 대체하는 것이다. 너무 극적인 생각은 어조를 낮춰 쓴다.

6단계: 비판적인 메시지와 똑같이 건전한 반박 문장을 녹음한다. 그리고 그 내용이 믿길 때까지 반복해서 듣는 것이다! 훨씬 마음에 들지 않는가? 더 친절하지 않은가? 하루에 몇 번씩 거울을 보고 그 내용을 스스로에게 말해줘도 좋다. 내면의 비판이 당신을 잠식하지 못할 때까지 계속 반복하는 것이다.

스스로를 어떻게 바라볼지는 당신의 선택에 달려 있다. 오래된 테이프에 귀 기울이는 것을 멈추고 좀 더 친절한 메시지를 듣는 것이 낫지 않을까?

Tip8. 실패해도 괜찮다고 허락하기

"실패란 좀 더 똑똑하게 다시 시작할 기회일 뿐이다."

– 헨리 포드(Henry Ford)

마이클 조던, 에이브러햄 링컨, 월트 디즈니, 토머스 에디슨, 베이브 루스 , 비틀즈, 오프라 윈프리, 리처드 브랜슨의 공통점은 무엇일까? 이들은 모두 유명인이고, 역사상 가장 위대한 성공을 일궈냈다는 평가를 받는다. 하지만 이들은 모두 크게 실패한 경험이 있다.

- 1923년 베이브 루스는 그 시즌의 홈런 기록을 세우기도 했지만 가장 많은 스트라이크 아웃 기록도 세웠다.
- 마이클 조던은 고등학교 시절 학교 농구팀에서 쫓겨난 경험이 있다.
- 오프라 윈프리는 방송 리포터로 일했는데 해고당했다. 너무 감정적이라 방송에 적합하지 않다는 말까지 들었다.
- 월트 디즈니는 창의적이지 않다는 이유로 22세에 미주리 신문사에서 내쫓겼다.
- 비틀즈는 1962년 데카 레코드사와 전속 계약을 맺을 수 없다고 거절했다.

- 에이브러햄 링컨은 연속해서 실패를 겪었다. 가족이 경영하던 농장을 잃었고, 대위에서 이등병으로 강등되었으며, 매장 점원으로도 성공하지 못했다. 하원 의원 선거, 상원 의원 선거, 부통령 선거에서도 여러 번 쓴맛을 봤다.
- 리처드 브랜슨은 버진 레코드와 버진 항공을 창립한 억만장자다. 하지만 버진 콜라, 버진 자동차, 버진 디지털(음악 다운로드 서비스)과 버진 브라이드(웨딩 부티크)에서 수십억 원, 아니 수천억 원을 까먹었다.
- 토머스 에디슨은 회사에서 2번 잘렸고, 전구를 만들기까지 1,000번에 달하는 실패를 겪었다.

우리는 왜 실패를 두려워할까? 위의 글만 봐도 성공한 사람들 역시 실패를 경험했다는 것을 알 수 있다. 사실, 이런 실패들이 있었기에 성공할 수 있었다. 시도해보지도 않고 성공할 수는 없다. 우리는 종종 실패를 두려워하다 실수에서 배우고 성공할 기회 자체를 잃어버린다. 완벽주의자는 어떤 일이 있어도 실패하지 않으려고 기를 쓴다. 문제는, 마치 유행병이라도 피하듯 실패를 피하다 보면, 그 실패를 기반으로 성공할 기회조차 놓치게 된다는 사실이다.

실패하지 않는 것은 중요하지 않다. 실패에 어떻게 대응하는지가 중요하다. 위의 사례에서 교훈을 얻어 성공할 기회로 삼는 것은 어떤가?

실패가 당신을 정의하지 않도록 하라. 실패를 딛고 일어나야 한다. 그래야 성장할 수 있고 앞으로 나아갈 수 있다.

1단계: 당신이 만나온 사람들을 떠올려보라. 크게 실패하고도 이를 딛고 일어서서 성공한 사람이 있는가? 그들에게 무엇을 배울 수 있을까? 그 사람의 회복탄력성을 존경하는가, 아니면 실패한 경험에 더 눈이 가는가? 아마도 자신의 실패보다는 너그럽게 남의 실패를 바라볼 것이다. 완벽주의자는 남의 단점보다 자신의 실패에 훨씬 까다로운 잣대를 들이댄다.

2단계: 당신의 실패, 장애, 실수를 죽 적어보자. 이런 일들로 인해 자신을 어떻게 바라보게 되었는지, 당신의 인생에 어떤 영향을 끼쳤는지도 써본다. 이런 실수와 실패에 대해 무슨 말을 하고 싶은지도 쓰자.

3단계: 내가 아니라 가까운 친구나 가족이 이런 실수와 실패를 저질렀다고 생각하고 읽어보자. 나 자신의 실수일 때와 비교했을 때와 어떻게 다른가? 사랑하는 사람에게는 뭐라고 말해주겠는가? 친구나 가족과 이야기하면서 그들을 위로한다고 생각해보자. 어떤 단어를 사용하겠는가?

4단계: 거울을 바라보면서 그 말들을 나에게 해보자. 눈을 쳐다보면서 위로의 말을 건네는 것이다. 가장 친한 친구에게 하는 것처럼 말이다. 당신은 누구 못지않게 소중한 사람이라는 것을 명심하라. "나는 좋은 하루를 보낼 만한 사람이야"라던가 "나는 내가 정말 자랑스러워"처럼 스스로를 다독이는 말을 반복해서 긍정적인 자세가 되도록 유도할 수 있다.

자학하는 대신 당신을 더욱 굳건하게 만들어라. 더 나은 사람이 되려고 하는데, 굳이 그렇게 오래 과거의 실패를 후회해야 할까? 당신은 또 다른 기회를 차지할 자격이 있다.

Tip9. 완벽주의가 몰아붙일 때 저항하기

"당신이 완벽주의자라면, 무엇을 하더라도 실패자가 될 것이다."

– 데이비드 번스

왕따를 당한다고 생각하는 것도 완벽주의에 저항하는 한 방법이다. 당신 머릿속의 완벽주의 성향은 당신을 못살게 굴고, 생각을 왜곡시킨다. 당신을 초라해 보이게 하고 부적응자라며 몰아세운다. 이 왕따는 비정상적이고 잔혹하며 비판적이고 공평하지 않다. 당신 머릿속에서 시작된 왕따는 어렸을 때 학교에서 당하는 왕따와 비슷하다. 자신감을 잃게 되고, 무력하게 느껴진다. 하지만 이 괴롭힘을 멈출 수 있는 사람은 당신이고, 왕따에 힘을 실어주는 것도 당신이다. 왕따가 몸과 마음을 사로잡도록 내버려두지 말자.

완벽주의에 대한 가장 뛰어난 해결책은 '인지왜곡'이 무엇인지 파악하고 이에 반기를 드는 것이다. 이는 CBT에서 가장 많이 사용하는 방법으로 이 책에서도 반복해서 언급할 것이다. 앞에서도 '전부 아니면 말고' 같은 왜곡된 생각을 몇 가지 언급했다. 이제 좀 더 많은 사례를 인용해서 개념을 이해해볼 것이다. 완벽주의와 관련된 인지왜곡으로는 다음과 같은 것들이 있다.

- **흑백 논리:** '전부 아니면 말고'라는 사고방식의 극단으로, 모든 논리를 왜곡한다. '실패했어', '실패자', '항상', '절대' 등의 단어를 사용한다.
- **낙인찍기:** 편파적이고 왜곡된 프레임을 씌운다. 사실과 전혀 상관없이 '어리석은 놈'이라던가 '게으른'이라는 꼬리표를 달아버린다.
- **예언:** 변화가 일어날 가능성은 전혀 없다며, '나는 절대……'라는 식으로 미래를 단정 지어 말해버린다. 마치 미래를 점칠 수 있는 것처럼 말이다.
- **감정적 추론:** 객관적인 시각이 아니라 부정적인 감정에 의거해서 음울한 해석을 내린다.
- **성급한 결론:** 엉뚱한 두 가지 생각을 하나로 묶어버린다. '이 일이 일어났으니, 저 일도 일어날 거야'라고 생각한다.
- **'……가 되어야 해':** 비판적인 기대를 갖고, 완벽하게 '어떻게 되어야 하는지'를 강요한다.
- **지나친 일반화:** 특정 상황에서 일반화된 결론을 이끌어낸다. 한 번의 실패로 당신을 실패자라고 정의하는 경우가 이에 해당한다.
- **긍정 폄하:** 좁은 시야로 사물을 바라보면서 긍정적인 해석이나 결과는 외면해버린다.

완벽주의자가 할 법할 말을 떠올려보자. "나는 또 실패했어. 휠

씬 더 많이 성취했어야 했는데. 결국 나는 실패자일 뿐이야. 언제쯤 정신을 차리려나!" 위에서 언급한 인지 오류가 이 문장 속에 다 들어 있다. 자신의 인지 오류를 이해하고 맞서 싸워야 자기 회의를 없앨 수 있다.

나에게 온갖 못된 말을 늘어놓는 적에게서 자유로워질 때가 되었다. 흑백논리에 벗어나서 회색도 존재한다는 것을 받아들여야 한다.

시도해보기

내게 어떤 인지 오류가 있는지 파악하고 이에 반기를 들 줄 알아야 한다. 그래야 자기 회의를 제거하고, 내 자아와 내 부족한 점을 기꺼이 포용할 수 있다.

1단계: 앞에서 파악했거나 이번에 새로 발견한 완벽주의적 사고방식을 파악하라. 이를 찬찬히 써 내려간 다음, 각각의 생각이 어떤 인지 오류에 해당하는지 파악하라. 당신의 생각에서 가장 많이 보이는 인지 오류는 어떤 것인가? 어떤 판단이 가장 당신을 괴롭게 하는가?

2단계: 이미 충분히 비뚤어진 생각이긴 하지만, 당신의 인지 오류를 더더욱 부풀려보자. 나를 왕따시키는 또 다른 자아를 시각화하고, 말이 안 되는 수준까지 서서히 단계를 올려보는 것이다. 거울 앞에서 하는 것도 권할 만하다. 자신이 두려워하는 것을 과장시켜보면, 말도 안 될 만큼 터무니없다는 것이 뚜렷해진다. 터무니없다는 것을 알고 나면 그 인지 오류는 더는 힘을 쓰지 못한다. 예를 들어, 최근 직장에서 승진했는데, 일을 제대로 해내지 못할까 두렵다고 치자. 이 두려움을 드라마틱하게 표현해보는 것이다. "너는 지구상 최악의 관리자야!" 혹은 "애초에 승진할 자격조차 없었던 거야! 한두 달만 지나면 해고당할 걸!"

3단계: 당신의 오류가 불합리하다는 것을 분명하게 목격하는 것 자체가 새로운 경험이다. 더 확실한 효과를 원하면 다른 사람과 롤플레잉하는 것도 좋다. 친구, 가족, 치료사가 내면의 가해자 역할을 하는 것이다. 과장된 행동을 해달라고 요청해야 한다. 다른 사람이 자신의 공포를 큰 목소리로 재현하는 것을 듣다 보면, 당신의 두려움이 얼마나 허무맹랑한 것인지 깨닫고 박장대소할 것이다.

자신을 괴롭히는 내부의 목소리를 잠잠하게 만들고, 나 대신 이 불합리한 왕따 주동자를 의심해보는 것이 어떨까? 당신이 생각하는 것을 모두 믿을 필요는 없다는 사실을 명심하기 바란다!

Tip10. 이렇게 해야만 한다라는 생각 버리기

"나는 이래야만 한다는 생각을 멈춰라."

– 앨버트 엘리스

'나는 이래야만 해'라는 생각에 사로잡혀서 시간을 허비하고 있지 않은가? 내가 얼마나 소중한 사람인지 망각한 채 말이다. 나는 더 똑똑하고, 더 날씬하고, 더 매력적이고, 더 성공하고, 더 성격이 좋아야 하고, 인기가 많아지도록 '노력해야만' 한다고 생각하는가? 더 좋은 집, 더 근사한 차, 수준 높은 친구, 똑똑한 자녀를 '가져야만' 한다고 믿는가? 과거의 실수를 곱씹으며 당신이 후회하는 결정, 선택, 행동에 대해 "이렇게 했어야만 했는데"라고 읊조리고 있는가? 지금보다 나은 인생을 살고 싶다면서 '이래야만 한다'라는 생각에 사로잡혀 있지 않은가?

위의 질문에 '예'라고 대답했다면, '이래야만 해'라는 생각이 당신을 짓누르고 자존감과 행복을 앗아가고 있는 것이다. '이래야만 해'라는 주장은 자존감을 짓밟는다. 나를 부족한 존재라고 생각하든, 과거의 실수나 후회스러운 결정을 곱씹든, 결여된 무엇인가를 갈구하든, '이래야만 해'라는 생각은 자신을 받아들이고 사랑하지 못하도록 훼방을 놓는다. 이런 생각은 완고한 완벽주의 시각으로 끊임없이 무엇인가를 요구한다.

당장 오늘부터라도 죄의식에서 **빠져나와** '이래야만 해'라는 말도 안 되는 생각을 멈춰보자.

'이런 사람이 되어야 했어', '그것을 해야 했어'라는 비이성적인 믿음에 이의를 제기하면, 막연히 이상적인 누군가가 되는 대신 온전한 나 자신이 될 수 있다.

1단계: 자신에 대한 비현실적인 기대치를 적어보자. 다음의 문구를 활용해보자.

- 나는 ~을 해야 해.
- 나는 ~했어야 해.
- 나는 ~를 해야 했어.
- 나는 ~가 있어야 해.
- 나는 언제나 ~해야 해.
- 나는 절대로 ~해서는 안 돼.

2단계: 작성한 목록을 보면서 다음과 같은 질문을 던져보자.

- 이것은 실현 가능한가?
- 사실인가?
- 어디에서 이런 생각을 얻었을까?
- 내가 아닌 다른 사람의 말을 듣고 있는가?
- 누군가를 기쁘게 하려고 노력하고 있는가?

대답 속에 숨어 있는 가정이 무엇인지 파악하고 적어보자. 예를 들어 "나는 지금 더 성공했어야 하는데"라는 말 속에는 재산을 크게 모은 친구나 형제자매보다 나는 열등하다는 생각이 깔려 있다. 그렇다면 자신의 가치를 매기려고 남과 자신을 비교하는 근본적인 문제를 다뤄야 한다.

3단계: '이래야만 해'라는 문장을 좀 더 융통성 있고 사실에 근거한 문장으로 바꿔보자. 엄격하고 굳어진 생각을 선택이나 선호를 드러내는 문장으로 바꿔보는 것이다. 그러면 굳이 남과 비교하지 않아도 최선을 다해 노력할 수 있다.

- "살을 더 **빼야 해**" 대신 "몸무게를 줄이고 싶어"라는 말을 사용한다.
- "회사에 들어오면 안 됐어" 대신 "나는 그 당시 최선의 선

택을 내렸어. 지금은 다른 선택지를 살펴보고 싶어"라는 말을 쓴다.

- "회의에서 발언하려면 확실한 답을 알고 있어야 해" 대신 "모든 것을 알지 못해도 괜찮아, 최선을 다해 대답하면 돼"라는 말을 한다.

4단계: '이래야만 해'라는 문장들을 '의무 항아리'에 집어넣는다고 상상해보자. 내 상담실에는 '이래야만 해'라는 라벨을 붙인 항아리가 하나 있다. 상담자들은 '이래야만 해'라는 메모를 써서 이 항아리에 집어넣는다. 말도 안 되는 기대치를 머릿속에서 끄집어내서 버리는 상징적인 행동이다. 당신도 자신만의 그릇을 하나 만들어서 '이래야만 해'라는 문장을 머릿속에서 끄집어내 보는 것이 어떨까? 그렇게 내 삶을 되찾는 것이다.

나의 위대함을 깨닫지 못하도록 방해하는 '이래야만 해'가 더 이상 나를 짓누르지 못하게 하자. 그런 생각을 내려놓고 온전한 내가 되고 싶지 않은가?

나의 의무 항아리

3
건강한 사고방식
만들기

지금 하고 있는

그 생각이

감정을

좌우한다.

- 데이비드 번스 -

인생을 바꾸는
생각 전환

생각을 바꾸면 삶도 달라진다는 것을 알고 있는가? 사고방식이 행복을 결정짓는다는 것을 깨닫지 못하는 이가 많다. 많은 사람이 자신의 내면이 아닌 외부에서 행복을 찾는다. 하지만 내 머리로 분명하게 생각하지 않는다면 그 무엇도 나를 행복하게 만들 수 없다.

1960대에 블러드, 스웨트 앤 티어스(Blood, Sweat & Tears)의 〈당신은 나를 너무나도 행복하게 해요(You Made Me So Very Happy)〉라는 로맨틱한 노래가 유행하기도 했지만, 행복이란 마음속에서 만들어지는 것이다. 그 누구도 당신을 대신해 행복을 만들어줄 수 없다. 물론 당신이 행복해지도록 도와줄 수는 있다. 하지만 행복을 만드는 주체는 다른 사람이나 어떤 물건이 아니라 자기 자신이다. 다른 이들이 도움을 주기는 하지만, 당신이 스스로를 부정적으로 바라보고

방어적인 삶을 살고 있다면, 아무리 타인이 당신을 멋지다고 해도 절대 행복해지지 못한다. "당신은 나를 너무나도 행복하게 해요"는 "당신과 함께 있어서 내가 참 행복해요(I'm so happy being with you)"라고 제목을 바꾸는 편이 더 정확하다. 그다지 끌리는 제목은 아닐지 몰라도 이편이 더 정확하다.

이 장에서는 앞에서 다룬 인지행동치료의 반경을 넓혀서 RE-BT(Rational Emotive Behavior Therapy, 합리정서행동치료)를 통해 감정을 파악하고, 감정과 생각을 분리한 뒤 생각을 바꾸는 요령을 익힌다. 엘리스가 1950년대 REBT의 초석을 마련했고, 1967년에 에런 벡이 우울증을 이해하는 데 CBT를 도입했다. CBT는 전 세계에서 가장 널리 사용하는 치료 방식이 되었다. CBT는 낮은 자존감, 우울증, 불안 증세를 보이는 수백만 명의 사람을 도와준다. CBT를 활용하면 자신의 사고 습관을 반박할 수 있다. 이를 통해 더 나은 기분을 느끼고 행복한 삶을 살게 된다.

당신은 어떤가? 오랜 기간 입증된 훈련 방식을 받아들일 준비가 되었는가? 심리치료의 가르침을 좇아 생각을 바꿈으로써 인생을 바꾸고 싶지 않은가?

Tip11. 생각과 느낌 분리하기

"지금 하고 있는 그 생각이 감정을 좌우한다."

– 데이비드 번스

36세의 더글러스는 이전 직장에서 잘린 뒤 몇 달 동안 새 직장을 찾았다. 새로운 회사에 취직한 후, 그는 흥분과 두려움을 동시에 느꼈다. 안도의 감정과 이 직장 역시 잃을 수 있다는 두려움이 교차한 것이다. 그가 느끼는 감정을 보면, 이런 생각을 명백히 읽을 수 있다.

"일을 제대로 해내지 못할 것 같이 느껴져요."
"실패할 것 같다고 느껴요."
"제가 할 수 있는 이상으로 기대하는 것 같은 느낌이에요."
"면접에서 본 것보다 실망이라고 생각할 것 같은 느낌이에요."

더글러스는 자신의 두려움과 생각을 확실한 진실인 것처럼 말했다. 자신이 만들어낸 이야기와 진실을 헷갈리고 있다. 그가 자신에 관해 한 이야기는 자신에 대한 의심과 두려움에서 나온 것이다. 다시 말해서, 그의 발언은 생각과 느낌이 뒤섞여 있었다. 더글러스가 하는 말마다 '느낀다'라는 단어가 들어갔지만, 이 문장들은 느낌과는 전혀 상관없다. 이 문장들에 들어 있는 것은 생각이지 느낌이 아니다. 그 생각 아래에는 불안, 두려움, 당황스러움 등이 깔려 있다.

첫 번째 문장을 보자. "일을 제대로 해내지 못할 것 같이 느껴져요"라는 말은 생각과 느낌을 단단히 착각하고 있는 것을 보여준다. 좀 더 사실에 근접한 말은 "그들이 기대하는 만큼 잘하지 못할까 봐 무서워요. 그래서 불안하죠"다.

글렌 시럴디(Glen Schiraldi)는 2001년 출간한 『자존감 연습서(The Self-Esteem Workbook)』에서 느낌을 사실로 둔갑시키는 것이 자존감을 낮추는 왜곡된 사고방식이라고 지적했다. 말하자면 이런 식이다. "나는 적절한 사람이 아닌 것 같은 느낌이야. 그러니 나는 부적절한 사람일 거야." 사실에 근거한 결론처럼 보일지도 모르지만, 느낌을 추론하는 방식에서 비논리성을 볼 수 있다.

생각과 느낌을 분리하지 못하면 기분을 통제할 수 없다. 우리는 느낌까지 통제하지는 못한다. '그런 식으로 느끼지 마'라고 자신을 설득하기는 어렵다. 하지만, 건강하지 않은 생각에 반기를 들고, 좀 더 건강한 방법으로 사고하라고 설득은 할 수 있다. 그러면 좀 더 나은 기분을 느끼게 된다. 생각을 파악하고 컨트롤하는 방식으로 기분을 통제하는 요령을 배우면 된다.

생각과 느낌을 분리할 수 있게 되면, 좋지 않은 감정으로 끌고 가는 생각을 통제하게 된다. 그러면 삶도 바뀐다. 생각과 느낌을 분리하면 삶이 얼마나 달라질지 상상해보라!

다음 단계를 따라 하다 보면 생각과 느낌을 분리하는 방법을 익힐 수 있다.

1단계: 당신의 삶 속에서 불안과 고통스러운 감정을 불러올 법한 어려운 상황을 골라보자. 당신이 바꾸고 싶은 3가지 감정을 적어보자. 그리고 질문을 던져보자. 이것은 느낌인가 생각인가? 예를 들어, "나는 둔하고 아무도 좋아해줄 사람이 없다고 느껴져"라고 썼다면 이는 느낌이 아니라 생각이다. 다음과 같이 고쳐 쓴다. "나는 둔하고 그 누구도 좋아할 수 없는 사람이라고 생각해."

2단계: 생각과 느낌을 헷갈리는 문장을 모두 고쳐 써본다. "둔하다고 느껴져"는 "나는 원하는 만큼 식견이 있지 않다고 생각해. 그러니 새로운 일을 배우고 더 많이 읽으려고 노력해야겠어"로 고쳐 쓸 수 있다. "나를 좋아할 사람은 없다고 느껴져"는 "나는 외로워. 나는 다른 사람들과 관계를 맺는 일이 버거워. 나랑 공통분모가 있는 사람과 친해지려고 노력해야겠어"로 바꾸면 된다.

3단계: 건전한 사고에 근거한 느낌을 들여다보라. 불행, 보이지 않는 희망, 외로움이 희망, 자신감, 긍정으로 바뀌는 것을 살펴보라.

이 연습을 주기적으로 하라. 부정적인 생각과 혼재된 느낌을 잡아내고, 이를 분리해서 상황을 보다 분명하게 파악해라. 느낌을 바꾸는 것은 어렵지만 생각은 바꿀 수 있다. 그리고 문제보다 해결에 집중하는 요령도 익힐 수 있다.

생각과 느낌을 분리시킨 목록을 종종 들여다보라. 새로운 생각과 느낌이 떠오르면 이 목록에 덧붙이자. 문제를 해결책으로 바꾸는, 생각과 느낌을 분리시키는 전문가가 될 때까지 훈련에 훈련을 거듭하는 것이다.

Tip12. 생각 통제하기

"사물을 바라보는 방식을 바꾸면, 당신이 바라보는 사물이
바뀐다."

– 웨인 다이어(Wayne Dyer)

내가 생각하거나 느끼는 방식을 남이 조종할 수 없다. 우리는 종종 아이 때문에 미치겠다고 하거나, 친구 때문에 열이 받았다거나, 동료 때문에 마음이 불편해졌다거나, 나쁜 날씨 때문에 불쾌해졌다는 말을 내뱉는다.

다른 사람 때문에 이런 느낌을 받게 되었다며 책임을 미루는 실수를 저지른다. 다른 사람의 행동이나 환경이 달라진다고 해서 느낌이 달라지지 않는다. 내가 바꿀 수 있는 사람은 오직 한 명뿐이다. 이미 알고 있는 사실이다. 답은 바로 나 자신이다.

화가 나거나, 우울해지거나, 불안해지면 우리는 자신이 아닌 외부에서 원인을 찾으려 한다. 내게 일어난 일에 대해 내가 어떻게 생각하는지를 봐야 하는데, 왜 이런 방식으로 느끼는지 설명하려고 외부를 바라보는 것이다. 물리적인 위해를 가하지 않는 한, 어떤 사람이나 상황도 나에게 특정한 느낌을 가지라고 통제할 수 없다. 나의 느낌을 결정하는 것은 바로 나 자신의 시각이고 생각이다. 목사이자 교육가 찰스 스윈돌(Charles Swindoll)은 이렇게 말했다. "인생은

나에게 일어나는 일 10퍼센트와 그것에 대해 내가 보인 반응 90퍼센트로 이루어져 있다."

이 말을 뒷받침하기 위해, 내 상담자들이 표현한 몇 가지 말을 살펴보자.

"그녀는 나를 미치게 만들어요!"
"날씨 때문에 속상해요."
"그 사람 때문에 내가 나쁜 사람이 된 것 같아요."
"우리 집 10대 때문에 돌겠어요!"
"상사 때문에 불편해요."

이런 말에서 무엇을 눈치 챘는가? 여기에는 한 가지 공통점이 있다. 생각하는 방식이 아니라, 특정 사람이나 상황에 대한 개인적인 감정을 다루고 있다는 것이다. 나를 바꿀 수 있는 사람은 오직 나뿐이라는 것을 믿기 시작하면, 이런 생각들을 보다 긍정적이고 실천할 수 있는 문장으로 바꿀 수 있다. 예를 들어 "그녀는 나를 미치게 만들어요!"라는 말은 "그녀가 나를 비판할 때마다 미칠 것 같아요. 만일 계속 무례하게 나를 대한다면 더 이상 그녀를 만나지 않겠다고 말할 거예요"로 고쳐 쓸 수 있다.

바꾼 문장을 보라. 무력했던 느낌이 사라지고 힘이 생긴다. 새로운 문장은 사실에 기반하고 있을 뿐 아니라 어떻게 행동으로 움직일 수 있는지도 보여준다. 문제가 아닌 해결책에 중점을 두는 것이다.

생각을 바꿔서 기분을 전환하고 당신 인생의 주도권을 잡을 준비가 되었는가?

부정적인 생각 하나가 얼마나 강력한 영향을 줄 수 있는지 살펴보자.

1단계: 투명한 유리잔에 물을 채우고 식용색소를 한 방울 떨어뜨린 뒤 휘저어보자. 색소 한 방울이 얼마나 빨리 물의 색깔을 변화시키는지 살펴보자. 색소 한 방울은 "나는 뚱뚱해" 혹은 "난 절대 할 수 없어" 같은 부정적인 생각과 같다. 한 방울뿐이지만 물의 색깔을 완전히 바꾼다. 부정적인 생각도 이처럼 당신의 세상을 물들인다.

2단계: 여러 가지 색소를 더해보자. 다양한 부정적인 생각인 셈이다. 물이 흐려질 것이다. 부정적인 생각 수백 개가 모여 매일매일 우리의 마음을 잠식하고, 불행하고 음울한 기분을 느끼게 하는 것과 같다.

3단계: 나, 혹은 남에 대해 가진 부정적인 생각만큼 5~10방울의 색소를 유리잔에 떨어뜨린다. 그리고 또 다른 유리잔에 물을 채운다. 새로운 잔에는 물을 몇 방울 더한다. 이 투명한 물은 비이성적인 생각을 물리치는 긍정적인 자기 선언이다. "나는 뚱뚱해"는 "나는 6킬로그램 과체중이야. 그러니 체중을 감량할 계획을 세워야겠어"가 되고, "나는 절대 할 수 없어"는 "지금 상황을 벗어나려면 도움을 청해야겠어"가 된다. 물은 혼탁해지지 않고 투명하게 남아 있다. 그처럼 건강한 생각을 하면 사물을 명확하고 정확하게 볼 수 있다. 이렇게 바로잡은 문장에는 각각의 문제를 해결할 수 있는 행동 방안도 포함되어 있다는 것을 명심하라.

부정적인 생각을 긍정적인 생각으로 바꾸고 자신의 생각을 통제하게 되면 어떤 인생이 될지 상상해보라! 위의 단계를 밟다 보면, 부정적인 생각에 맞설 준비가 될 것이다.

Tip13. 인지왜곡 파악하기

"어떤 상황 자체가 불행을 일으키지는 않는다. 당신의 생각이 주범이다. 무슨 생각을 하고 있는지 주의 깊게 살펴야 한다."

– 에크하르트 톨레(Eckhart Tolle)

"나는 뚱뚱하고 매력이 없어요."

"나는 나쁜 엄마예요."

"나는 이 일을 절대 할 수 없어요."

"그들은 내가 멍청하다고 생각해요."

"그는 그저 뽐내려는 거예요!"

"그 일에 그렇게 화를 내서는 안 된다는 건 알아요."

이 문장들에서 보이는 공통점은 무엇일까? 확실하고 객관적인 사실처럼 쓰여 있지만 사실은 개인의 해석에 불과하다는 것을 눈치챘는가? 극단적이고 비이성적으로 과장되어 있으며, 사실에 근거하거나 상세하지도 않고 부정적인 편견에 사로잡혀 있다.

부정적인 사고 습관을 파악하지 못하면, 우리는 왜곡된 생각으로 자신을 괴롭히게 된다. 그리고 이는 삶의 모든 면을 잠식한다. 부정적인 생각은 부정적인 감정, 생활 부적응, 중독, 사회적 고립, 바람직하지 않은 인간관계를 가져온다.

2장에서 인지왜곡을 다루면서 어떻게 완벽주의적인 생각을 없앨 수 있는지 살펴봤다. 사고방식의 문제점을 파악하고 다루려면 인지왜곡을 이해해야 한다. 이 장에서는 인지왜곡을 좀 더 살펴보고 어떻게 인지왜곡을 바꿀 수 있는지 따져본다. 2장에서 다룬 8개의 인지왜곡(팁 9번에서 다루고 있다) 외에 몇 가지 인지왜곡 유형을 더 살펴보자. 이들 역시 건전한 생각을 방해한다.

- **'전부 아니면 말고'라는 생각:** '이것 전부' 아니면 '저것 전부' 둘 중 하나밖에 없다는 극단적인 방식으로 세상을 바라본다. 그 사이에는 아무것도 없다. 예를 들어 "그녀는 나를 미워해"가 있다.
- **자책하기:** 내가 통제할 수 없는 것에 대해서 너무 많은 책임을 떠안는다. "내 아이가 우울해하는 건 모두 내 탓이야."
- **과대/과소평가:** 내가 상처받기 쉽다는 사실을 숨기려고 일어난 일을 과대평가하거나 반대로 과소평가한다. "그녀가 나에게 화를 낸 건 안 된 일이지만, 별 일 아니야."
- **정신 필터링:** 긍정적인 요소는 모두 걸러내고 부정적인 측면에만 집중한다. "내 귀는 너무 커. 귀 때문에 못생겨 보여."
- **독심술:** 남의 생각, 행동, 동기에 대해 잘못된 가정을 내린다. "주간 회의에서 한 행동을 봤을 때, 그녀는 나를 멍청하게 보이려고 하는 것 같아."

이 중에 당신이 종종 사용하는 왜곡이 있지 않은가? 이제는 스스로 상처를 입히는 방식보다는 도움을 주는 방식으로 사고하고 싶지 않은가?

시도해보기

인지왜곡을 파악하면, 자신의 왜곡된 말을 객관적으로 바로잡을 수 있다. 자신에 대해 보다 정확한 평가도 가능해진다. 아래의 활동은 CBT 치료사 번스가 2008년 선보인 '세 칸 사고 전환 기법(Triple Column Technique)'을 차용한 것이다.

1단계: 종이나 컴퓨터 문서 프로그램에 3칸짜리 표를 그려보자.

2단계: 첫 번째 칸에는 '자동적으로 떠오르는 부정적인 생각'이라고 제목을 적는다. 그 아래 당신을 괴롭히는 생각을 적어 내려간다. 예를 들어, "나는 뚱뚱하고 친구들보다 매력이 없어. 상황은 절대 달라지지 않을 거야!"라고 쓴다.

3단계: 두 번째 칸에는 '인지 에러 유형'이라고 제목을 단다. 그리고 앞에 써넣은 생각이 어떤 인지 에러 유형에 해당하는지 적는다. 위의 경우는 '전부 아니면 말고', '확대 해석', '감정적인 추론', '낙인찍기'가 된다.

4단계: 세 번째 칸의 제목은 '이성적인 대안 사고'다. 어떤 인지 에러를 저지르고 있는지 깨닫게 되면, 잘못된 생각을 바람직한 대안으로 바꾸는 것이 좀 더 수월해진다. 인지왜곡에서 벗어난, 대안적인 생각을 적어보자. "나는 8킬로그램을 빼고 싶어. 그러면 내 몸에 대한 자신감도 늘어날 뿐 아니라 매력적인 사람이 되었다고 느끼게 될 거야."

5단계: 자신의 삶을 바라보고, 어떤 유형의 인지 왜곡을 하는지 파악하자. 그리고 대안을 만들어보자. 왜곡된 사고방식을 좀 더 객관적으로 바꾸고 실행할 수 있는 대안을 만들 수 있을 것이다.

세 칸 사고 전환 기법을 사용하면 생각을 바꾸고, 인생을 전환할 수 있다. 분명한 비전을 갖지 못하게 방해하고, 삶을 반추하지 못하도록 훼방을 놓는 인지왜곡에 질리지 않았는가?

Tip14. 비이성적 믿음 파헤치기

"생각을 바꾸면 세상이 달라진다."

– 노먼 빈센트 필(*Norman Vincent Peale*)

자신에게 부정적인 사람들은, 살면서 일어나는 일을 부정적이고 자신을 폄하하는 방식으로 해석한다. 일이 잘못되면 자신을 탓하고, 자신이 남보다 못하고 일을 망친다며 발 벗고 나서서 자신을 비판한다. 다른 사람에게 인정받지 못할 것이라는 두려움에 빠져 산다. 동시에 마음의 상처를 입거나, 거부당하거나, 말실수를 할까 두려워서 역설적으로 남들과 거리를 두고 숨으려 든다. 색안경, 혹은 도수가 맞지 않는 안경을 쓰고 세상을 바라보는 셈이다.

스스로에게 비판적이고, 남이 자신을 어떻게 생각할까 초조해하고, 자신을 불신하는 방향으로 상황을 해석하는가? 자신의 불안과 부정적인 개념을 자극하는 핵심적인 믿음을 바닥까지 헤집지 않고서는 그런 패턴에서 벗어날 수 없다. 비이성적인 믿음의 핵심을 파헤치기 전까지는 사람과 주위에서 일어나는 일에 부정적으로 반응하게 된다.

핵심적인 믿음을 파헤치려면 생각의 바닥까지 들어가봐야 한다. 번스가 1989년 소개한 '수직 화살표 기법'은 그릇된 생각과 느낌의 뿌리가 되는 핵심 믿음을 발견하는 데 유용하다. 이 테크닉의 핵심은 각각의 생각에 대해 간단한 질문을 던지는 것이다. "왜 그게 중요한데?"와 "그게 사실이라면, 왜 상처를 입는 건데?"라는 질문이다. 이렇게 질문을 던지면 핵심 믿음의 근본에 도달할 수 있다. 이 테크닉은 다음과 같은 순서로 흘러간다.

"그들이 나를 좋아했으면 해."

⇩

"왜 그게 중요한데? 나한테 무슨 의미가 있지?"

"그들이 나를 좋아하지 않으면 끔찍할 거야."

⇩

"그게 사실이라면, 왜 상처를 입는 건데? 나한테 무슨 의미가 있지?"

"그들이 나보다 낫기 때문에 나를 인정해주면 좋겠어."

⇩

"그게 사실이라면, 왜 상처를 입는 건데? 나한테 무슨 의미가 있지?"

"내가 남들보다 열등하다는 뜻이지."

⇩

"그게 사실이라면, 왜 상처를 입는 건데? 나한테 무슨 의미가 있지?"

"내가 실패자라는 뜻이야."

이 모델을 사용하면 다른 사람의 인정을 받는 것이 중요하다는 과장된 비이성적 믿음의 핵심을 찾아낼 수 있다. 질문을 계속할수록 당신은 핵심 믿음에 가까워진다. 위의 핵심 믿음은 내가 나를 좋아하려면 남이 나를 좋아해야 한다는 것이다. 남이 나를 좋아해줬으면 좋겠다는 데만 치중하고 핵심을 파고들지 않는다면, 감정의 근원에는 접근하지 못하고 표면에만 매달리게 될 것이다.

남들이 뭐라고 하건, 당신은 사랑받을 만한 사람이다. 그렇지 않은가?

시도해보기

수직 화살표 기법을 사용해서 핵심으로 파고 들어갈 준비가 되었는가?

1단계: 위의 모델을 따라해보자. 당신을 불편하게 하는 생각을 하나 잡아내자. 이 생각을 깊게 파볼 수 있는가? 각 질문을 삽이라고 생각해보자. 문제의 뿌리를 찾아 땅을 파고 또 파는 것이다. 위의 질문을 똑같이 던져보자. "왜 그게 중요한데? 그게 사실이라면 나한테 어떤 의미가 있지?"

2단계: 계속 질문하며 당신을 괴롭히는 생각을 바닥까지 파헤쳐보라. 그리고 비이성적 믿음의 핵심이 무엇인지 파악하라. 자신을 여전히 대책 없고, 사랑받을 수 없고, 소중하지 않은 존재라고 생각하는가?

3단계: 핵심까지 도달했으면 다음의 질문을 던져보라.

- 나를 바라보는 방식이 세상을 바라보는 시선에 어떤 영향을 미치는가?
- 핵심 믿음으로 인해 세상이 위협적이고 다른 이들이 편파적이라고 생각하게 되는가?
- 비이성적 믿음의 핵심이 나의 인식을 흐리고 있는가?
- 이런 비이성적 믿음이 내 삶과 미래에 대해 무엇을 말해주는가?

4단계: 당신이 파악한 부정적이고 비이성적인 믿음을 이성적이고 사실적인 생각으로 바꿔보자. "나는 실패자야"라는 문장은 "아무리 실수하고 실패해도, 내가 실패자라는 뜻은 아니야. 큰 성공을 거둔 사람도 때때로 실패하는 법이지"로 바꿀 수 있다. 어떤가, 당신에 대한 핵심 믿음이 달라지는가?

나에 대한 믿음은 내면 깊숙한 곳에서 생기는 것이다. 다른 사람의 의견에 의지해서는 믿음이 생기지 않는다. 무엇을 이뤄야만 가치 있는 사람이 되지 않는다. 지금 모습 그대로 당신은 소중하다.

Tip15. 습관적인 부정적인 생각 없애기

*"부정적인 생각과 감정은 마음의 평온만 깨뜨리는 것이 아니다.
건강도 망친다."*

– 달라이 라마

부정적인 생각을 제거할 때 종종 마주치는 난관이 있다. 그 생각이 있는지조차 몰랐다는 것이다. 매일 느끼는 익숙한 감정과 반응이 있을 때, 우리는 부정적인 생각의 영향을 깨닫지 못하고 무심코 넘어간다.

습관적인 생각을 파악하는 것이 어려울 때도 있다. 번스는 이런 사람들을 돕기 위해 2008년 ANTS라는 개념을 만들어냈다. 이는 '자동적으로 일어나는 부정적인 생각(Automatic Negative Thoughts)'을 줄인 말이다. ANTS라고 부르는 이유는 어떤 부정적인 생각은 거의 본능에 가깝게 자리 잡고 있기 때문이다. ANTS는 세상에 대한 인식을 왜곡시키는 잘못된 사고방식을 말한다. 자신과 세상 모든 것을 비뚤어진 시각으로 바라보면, 쉽게 불안해지고 우울해지며 스트레스 과다 상태가 된다.

ANTS 시각화 방법을 활용하면, 의심조차 못했던 비뚤어진 생각을 끄집어낼 수 있다. 그리고 바람직하지 못한 생각 방식을 쉽게 깨닫게 된다. 습관처럼 일어나는 부정적인 생각을 인지하고 없

애야 한다. 그러면 상처받은 마음을 치유하고, 회복하고, 자존감을
회복할 수 있다.

이제 습관적으로 나타나는 부정적인 생각을 영원히 마음속에서 내
쫓을 때다. 준비되었는가?

시도해보기

당신의 ANTS를 파악해서 더 이상 당신의 행복을 거부하는 일
이 없도록 하자.

1단계: 6칸짜리 표를 만들고 'ANTS 다이어리'라고 이름을 붙인다.
종이에 써도 되고 컴퓨터 문서 프로그램으로 만들어도 된다. 각각
의 칸에는 왼쪽부터 순서대로 아래와 같은 제목을 단다.

- 나의 ANTS는 무엇인가?
- 이 ANTS가 진실을 말하고 있을 확률
- 이런 생각을 입증하는 증거는 무엇인가?
- 이 생각에 대한 반증은 무엇인가?
- 생각의 프레임 고치기
- 프레임을 고친 생각이 맞을 확률

두 번째와 여섯 번째 칸은 ANTS와 ANTS의 프레임을 바꾼 생각이 진실일 확률을 묻는 것이다. 바람직하지 않은 생각을 바꾸려고 할 때 확률을 가늠해보는 것이 도움이 된다. 이를 통해 자신감도 북돋을 수 있다. 부정적인 생각의 확률을 생각해보면 '모두 아니면 말고'라는 생각도 없앨 수 있다.

2단계: 각각의 표를 채울 순서가 왔다. 아래 같은 내용이 나올 것이다.

- 첫 번째 칸: 무례하게 굴 때마다 그녀는 나를 미치게 해.
- 두 번째 칸: 80퍼센트.
- 세 번째 칸: 그녀는 나에게 친절하지 않다.
- 네 번째 칸: 내게 어떤 느낌을 느끼라고 몰아갈 힘이 그녀에게 없다. 상처를 입을지 않을지는 내가 결정한다.
- 다섯 번째 칸: 그녀가 무례하게 굴 때마다 상처를 입었다. 하지만 그녀가 무례하다는 생각조차 나의 인식일 뿐이다. 그녀 자체로 인해 어떤 느낌을 가질 수는 없다.
- 여섯 번째 칸: 100퍼센트.

당신의 ANTS에는 '나는 아무짝에도 쓸모가 없어', '사랑할 사람을 절대 찾을 수 없을 거야', '나는 뭔가 잘못되어 있어' 등의 생각이 들어올 수 있다.

3단계: ANTS에 대한 증거들을 살펴보고, 의심해보자. "무엇이 이 것을 진실로 보게 하는가?"라는 질문을 해보자. "증거는 무엇인 가?", "ANTS를 입증하는 사실은 무엇인가?", "나를 부정하는 문구 들이 정말 사실인가? 아니면 잘못된 인식에 불과한가?" 증거를 살 펴보면서 몇 퍼센트나 확실할 수 있는지 점수를 매겨보자. 100퍼 센트 확신할 수 있는가? 아니면 90퍼센트나 80퍼센트 정도인가?

4단계: ANTS마다 별명을 붙여보자. 예를 들어 '극혐'이라고 별명 붙인 ANTS가 머릿속에 떠오르면 그때마다 "극혐이 돌아왔어!"라 고 말한다. ANTS에 별명을 붙이면 나와 ANTS가 분리되고 ANTS 에 대한 믿음이 약화된다.

5단계: ANTS가 몇 개나 되는지 세어보자. 그리고 각각의 ANTS가 얼마나 자주 나타나는지 기록해보자. 그러면 부정적인 생각이 나의 사고를 얼마나 지배하는지 좀 더 명확하게 볼 수 있다.

ANTS를 몇 개나 찾아냈는가? 별명을 붙이고 증거를 검증했는가? 별명을 붙인 ANTS가 몇 개나 되는가? 어떤 ANTS가 얼마나 자 주 일어났는가? 계속 ANTS에 대해 기록하고 종종 기록을 살펴라. 노력해서 ANTS를 머릿속에서 없애야 한다!

4

과거 인정하기

그 길로 다시 갈
생각이 아니면
뒤돌아보지 마라.

− 헨리 데이비드 소로 −

과거에 갇히지 말고
과거에서 교훈 얻기

　과거에 대한 생각으로 기분이 가라앉은 경험이 있는가? 혹시 매일 그런 경험을 하는가? 과거가 마치 닻처럼 내 몸을 묶고 지금을 즐기지 못하도록 끌어내리는가? 자존감이 낮고 자기를 의심하는 사람은 이런 질문에 '그렇다'라고 답할 확률이 높다. 한 가지 분명한 사실은 과거는 변하지 않는다는 것이다. 과거에 대해 우리가 취할 수 있는 태도는 두 가지다. 과거에서 배우거나, 과거에 갇혀 살거나.

　자존심이 낮으면 과거에 한 선택, 실수, 실패를 곱씹게 된다. 케케묵은 과거를 생각하고, 거기에 휘몰리고, 되새김질하고 있다면 여물을 반복해서 씹어 먹는 소를 따라 하는 셈이다. 소는 몇 번이고 같은 음식을 반복해서 소화한다. 여기에서 반추(反芻)라는 심리학

용어가 나왔다. 과거의 실수, 집착적인 생각, 놓친 기회, 후회스러운 행동과 선택을 되씹는 것이다. 같은 일을 되새기고 또 되새긴다.

과거의 행동과 선택을 되돌아보는 데 너무 많은 시간을 보내면 현재를 살 기회를 놓치게 된다. 아무리 과거의 상태를 살펴보고, 무엇을 해야 했는지 후회하고 무엇을 할 수 있었는지 되새겨본들 과거는 지나간 것이고, 이미 끝난 일이다. 앞으로 나아가려면 남겨진 것에 집중해야 한다. 무엇을 잃었고, 무엇을 놓쳤는지 따져봤자 소용없다. 이렇게 태도를 바꿔야 외상 후 스트레스에서 벗어나 외상 후 성장으로 방향을 바꿀 수 있다.

현재보다 과거에 더 많은 권력을 부여하는 행위를 멈출 준비가 되었는가? 과거의 사슬에서 벗어나 지금의 인생을 충만하게 경험해야 하지 않을까?

Tip16. 과거 용서하기

"더 나은 과거를 가질 수 있었다는 희망을 포기하는 것, 그것이 바로 용서다."

― 릴리 톰린(Lily Tomlin)

살다보면 불공정한 일 투성이다. 오해를 사거나, 이용당하거나, 무시당하거나, 소홀히 대접받거나, 형편없이 다뤄진 경험은 끝도 없다. 사무실에서 험담의 대상이 되거나, 가정 불화에 느닷없이 상처를 입거나, 친구 혹은 사랑하는 사람에게 푸대접을 받거나, 무례하게 거절당하거나, 배우자 혹은 가까운 이가 나를 멀리하거나 배신하기도 한다. 우리가 받은 푸대접은 여러 가지 형태로 나타나지만, 종국에 남는 질문은 하나다. "자, 이제 어쩌지?"

어떤 사람들은 거기에조차 닿지 못한다. 이들은 "자, 이제 어쩌지?" 혹은 "다음에는 뭐야?"라는 생각을 하지 못하고 "왜?"라는 생각에 매달린다. 어제의 상황을 머릿속으로 끊임없이 반복하면서, '이렇게 했었어야 하는데'라고 후회한다. "이렇게 했을 텐데, 이렇게 했을 수 있었는데, 이렇게 했어야만 하는데"에서 벗어나지 못한다. 자신을 받아들이는 대신 독선적인 분노를 터트리고, 용서하는 대신 악의를 품으며, 과거에 일어난 일이 얼마나 불공평한지 파고 또 파는 상담자를 수도 없이 대해봤다. 불행하게도 이런 부정적인 태도는 분노에 찬, 만족할 수 없는 삶으로 몰아갈 뿐이다.

용서는 타인에 관한 것이라고 생각하는 경향이 있다. 하지만 용서는 나에 관한 문제다. 나를 과거의 상처에 근거해 정의하는 것을 거부하는 것, 그것이 바로 용서다. 피해자 역할에서 벗어나고, 쓰라린 마음을 자기 자신이라고 정의하지 않는 것이 용서의 핵심이다. 다른 사람의 행위를 받아들인다고 해서 진정한 용서가 이뤄지지는 않는다.

당신은 어떠한가? 불공평한 과거의 기억을 곱씹는 것을 멈추고 앞으로 나아갈 준비가 되었는가? 그렇다면 비록 상처를 입기는 했지만, 당신은 좀 더 현명해질 것이다.

시도해보기

용서한다는 것은 자신의 이야기를 바꾸는 것에서 시작한다. 실제 일어난 일이 아니라, 당신이 그 일을 어떻게 해석하고 있느냐가 중요하기 때문이다.

1단계: 슬픔, 불평, 분노로 마음속에서 놓지 못하는 일이 있다면 당신의 이야기를 기록해보자. 누가 나를 공평하게 대하지 않았는지,

어떤 상황에서 불공평하게 대접받았는지, 그때 내가 어떻게 느꼈
는지 적는 것이다. 아래와 같은 질문을 활용해 과거를 되돌아보자.

- 어떻게 상처를 입었는가?
- 그 일이 오늘날까지도 당신에게 영향을 미치는가?
- 그 일로 인해 인생을 즐기지 못하고, 남을 신뢰하지 못하며, 새로운 경험을 두려워하고 마음을 닫고 있는가?
- 그 일이 어떻게 진행되었어야 한다고 생각하는가?
- 이런 일들이 아예 발생하지 않거나 다르게 일어났다면 당신의 인생이 어떻게 달라졌을까?
- 무엇 때문에 그 과거를 극복하기가 그렇게 힘든 것일까?

2단계: 내가 쓴 글을 분석해보자.

- 어떤 점이 눈에 띄는가? 자신을 피해자라고 보는가?
- 당신의 말이 얼마나 맞았는지, 정당한 기회를 얼마나 빼앗겼는지에 너무 몰두하는가?
- 이런 상처를 아물게 해줄 누군가를 기다리는가? 누군가 당신에게 사과하거나 상황을 바꿔줄 것이라고 기대하는가? 그러면 마음의 평안을 얻고 상처가 치유될까?
- 사과를 받지 않아도 나는 그들을 용서할 수 있으며, 더 이상 과거를 헤집지 않아도 된다는 것을 알고 있는가?

3단계: 내가 적은 답을 보면서, 무엇이 내 마음을 쓰라리게 하고 피해자로 남아 있게 하는지 생각해보자. 위의 질문에 대한 대답을 염두에 두고, 더는 과거의 피해자가 아니라 용서와 치유에 열려 있는 사람이 되도록 다시 이야기를 써보자. 예를 들어 "그들은 정말 재수 없어"라고 썼다면 "사람들은 다른 사람에게 상처를 주기도 하지"라고 적는 것이다.

4단계: 새로 쓴 이야기를 읽으면서, 이 이야기가 피해자의 이야기인지, 영광스러운 생존자의 이야기인지 자문해보자. 새로 쓴 이야기에도 비통함이 있다면, 다시 유연하고 용기 있는 글로 다듬어보자.

당신의 이야기를 바꿀 때가 되었다. 용서란 나를 치유하는 일임을 기억하라. 누가 옳은지, 무엇이 공정한지 따지는 것이 아니다. 당신이 과거에서 벗어나는 것이 바로 용서다.

Tip17. 후회 극복하기

"그 길로 다시 갈 생각이 아니면 뒤돌아보지 마라."

– 헨리 데이비드 소로(Henry David Thoreau)

후회처럼 날카롭고 뼈저리게 사람을 과거에 묶어두고 인생을 엉망으로 만드는 것도 없다. 후회는 쉽게 사라지지 않으면서 사람의 자존심을 야금야금 갉아먹는다. 인간만이 후회라는 감정을 느낀다. 누구나 '지나고 나서 보니 그때 다른 선택을 했었어야 했어'라는 생각을 한 번쯤 하기 마련이다.

후회란 신발에 들어간 모래처럼 성가시다. 자존감을 무너뜨리는 불씨에 기름을 붓는 집요한 목소리를 만들어낸다. 당신을 괴롭히고 절망에 빠뜨린다.

후회는 나를 더 나은 사람으로 만들어주고 앞으로의 선택에 도움을 주는 위대한 스승이 되기도 한다. 하지만 자존감이 낮은 사람에게 후회는 동기부여가 되기보다 마음을 약하게 한다. 후회는 자존감을 앗아갈 뿐 아니라 불안과 우울 증세에 양분을 제공한다. 후회로 인해 과거에 머물게 되고, 바꿀 수 없는 과거의 일을 끊임없이 곱씹게 된다. 후회는 마음속에 슬그머니 들어와서, 마치 천천히 중독되는 독처럼 살아가는 동안 조금씩 퍼져나간다.

2005년 심리학자 닐 로스(Neal Roese)는 후회에 크게 4가지 유형이 있다고 소개했다.

1. 학업 선택에 대한 후회
2. 직업 선택에 대한 후회
3. 사랑에 대한 후회
4. 부모 역할에 대한 후회

로스에 따르면 모든 후회가 나쁜 것은 아니다. 후회가 준 교훈에 집중하고, 이를 바탕으로 새로운 행동을 시도한다면 후회는 꽤 생산적인 존재가 될 수 있다. 로스는 생산적인 후회와 비생산적인 후회의 차이점을 분명히 밝혔다. 후회를 발판으로 지금과 다른 행동을 취해서, 후회 때문에 비틀거릴 것이 아니라 앞으로 나아가야 한다. 즉, 더 잘 할 수 있었다고 꾸짖는 대신 아직 가능성이 있다고 다독여주는 도구로 후회를 사용하는 것이다.

당신은 어떠한가? 후회 때문에 현재를 온전하게 살 수 없는가? 후회에 휘둘리지 않고 후회를 있는 그대로 받아들이고 나아갈 준비가 되었는가?

　자신의 결점과 불완전함을 포용할 수 있다면, 인생은 어떻게 달라질까? 후회에 묻혀 사는 대신 후회를 양분 삼아 성장할 수 있는 전략을 짜보자. 그러면 자존감을 조금 더 키울 수 있다.

1단계: 로스의 조언대로 비생산적인 후회를 생산적인 후회로 바꿔보자. 빈 종이에 다음처럼 두 칸으로 나뉜 표를 그린다. 첫 번째 칸에는 나를 괴롭히는 후회를 적는다. 두 번째 칸에는 앞에 적은 비생산적인 후회를 생산적인 후회로 바꿔서 적어보자. 실제로 행동할 수 있는 구체적인 계획으로 전환하는 것이다.

비생산적인 후회	생산적인 후회
나는 직업을 잘못 골랐어.	새로운 대안을 고민해볼 수 있어. 학교로 돌아가 훈련을 더 받는 것도 방법이야.
내 결혼은 망했어.	내 분노를 통제하고 다른 사람을 좀 더 호의적으로 대해야 한다는 소중한 교훈을 배운 거지. 나는 아이들을 잘 키우고 있고 차분한 부모이자 친구야. 앞으로도 관계를 개선해나갈 거야.
가까운 사람들과 관계가 너무 틀어졌어.	지금부터는 가까운 사람에게 친절하도록 주의할 거야. 상처를 입혔다면 그에 대한 책임을 지고 앞으로는 더 잘할 거야.

2단계: 비생산적인 후회를 극복하기 위해, 아래의 질문에 대해 생각해보고 답을 써보자.

- 선견지명이 있었다면 알 수 있었던 것, 지금에 와서는 명확하지만 당시에는 보이지 않았던 것을 놓친 자신을 용서할 수 있는가?
- 후회 때문에 나의 한계를 미리 정하고 스스로를 약한 사람으로 정의하는 대신, 후회에서 자극을 받는다면 삶은 어떻게 달라지겠는가?
- 후회에서 얻을 수 있는 교훈은 무엇인가? 무엇을 배울 수 있는가?

3단계: 참을성을 갖고 후회를 다루기 바란다. 후회를 주기적으로 되씹어보자. 실제로 행동할 수 있도록 구체적인 목표를 잡자. 후회를 떠나보내면서, 과거가 현재보다 강한 힘을 휘두르지 않아야 한다는 것을 명심하자.

비생산적인 후회를 생산적인 후회로 바꾸기 위해 어떤 일을 할 생각인가? 두 번째 기회를 잡아야 한다. 그리고 후회는 과거에 남겨둬야 한다.

Tip18. '왜?'에서 '다음에는?'으로 넘어가기

"옛날이 지금보다 더 좋은 까닭이 무엇이냐고 묻지 말아라.
이런 질문은 지혜롭지 못하다."

– 「전도서」

상담자에게 치료로 얻고 싶은 것이 무엇이냐고 질문하면 '왜' 그런 일이 나에게 일어났는지 알고 싶다고 대답하는 사람이 꽤 많다. 놀라울 만큼 말이다. '왜'를 알기만 하면 모든 것이 나아질 거라고 생각하지만, '왜'는 대답의 아주 작은 부분밖에 되지 않는다. 해결책이 아니라 과거에 관한 질문이기 때문이다. 우리가 하는 '왜?'는 끝도 없다.

"왜 그렇게 수줍어하는데?"
"왜 그녀는 내 말을 듣지 않지?"
"왜 그런 일이 나에게 벌어졌을까?"
"왜 나는 그렇게 멍청했지?"
"왜 내 삶은 정상적이지 않을까?"
"왜, 왜, 왜?"

친구가 운전하는 차에 타고 있었다고 하자. 친구는 빨간불에 멈추지 않았고, 그 결과 사고가 나서 당신의 다리가 부러졌다. 운전자가 왜 그렇게 조심성이 없었는지, 왜 그가 주의를 기울이지 않았는지, 왜 주변을 살피지 않았는지 아무리 따져봐도 당신의 다리가 부러졌다는 사실은 변하지 않는다. 확신할 수는 없지만, 친구가 음주운전을 한 것은 아닌지 의심할지도 모른다.

그 친구가 모는 차에 다시 타지 않겠다고 결심하는 것 외에 할 수 있는 게 뭐가 있을까? 한마디로 '왜?'라고 묻는 것은 과거에 집착하는 질문이고, '다음에는?'이라는 질문은 미래에 대한 계획을 세우면서 지금 취할 수 있는 행동에 대한 것이다. 과거에서 교훈을 얻고 앞으로 나아가려면 다음에 어떻게 할지에 집중해야 한다. '왜'라고 아무리 따져봤자 일어난 일을 바꿀 수는 없다. 교훈을 얻을 만큼만 뒤를 쳐다보고, 앞으로 눈을 돌려야 한다. 너무 자주 '왜'라고 묻는 것은 현명하지 않다!

이럴 때 사용하는 것이 SMART다. SMART는 사업가 조지 도런(George Doran)이 만들어낸 약어로, 구체적이고(Specific), 측정 가능하며(Measurable), 행동에 기반하고 있고(Action-oriented), 현실적이고(Realistic), 기한이 명시된(Time-bound) 것이다.

"왜"라는 질문을 SMART에 따라 바꿀 준비가 되었는가? 앞으로 나아갈 구체적인 계획이 있다면 근사하지 않겠는가?

SMART를 활용하면 현재에 집중하고 과거에 대한 후회에서 자유로워지면서 가시적인 변화를 이끌어낼 수 있다.

1단계: 당신을 과거에 붙잡아두고 있는 '왜' 질문을 3개 이상 적어보자.

2단계: 각각의 질문이 '왜'에서 '다음에는'으로 넘어갈 수 있을지 생각해보자. SMART를 염두에 두고 "왜"와 "다음에는"의 생각 패턴을 구분해야 한다.

왜?	다음에는?
나는 왜 운동을 꾸준히 하지 못할까?	내가 실행할 수 있는 운동 계획을 짜볼 테야.
그는 왜 나에게 이렇게 무례하게 굴까?	그가 무례하게 굴면, 나를 존중할 때까지 대꾸하지 않겠다고 말해주겠어.
왜 사람들은 나를 좋아하지 않을까?	자기 계발서를 읽고 연습할 거야. 남에 대해 걱정하는 대신 나부터 나를 좋아하도록 노력해야지.

3단계: 과거에서 현재로 관심을 돌렸으면, SMART를 활용해서 실행할 수 있는 좀 더 구체적인 방안을 만들어보자. 위 표에 있는 첫 번째 목표를 활용해보면 다음과 같다.

- **구체적이고:** 건강한 몸으로 돌아가기 위해 정기적으로 걸어야겠어. 몇 킬로그램을 뺄 수 있는 다양한 방법을 생각해 볼래.
- **측정 가능하며:** 매일 1만 보씩, 일주일에 4번 걸을 거야.
- **행동에 기반한:** 매일 30분씩 트레드밀을 걸어야겠어. 주차장에서는 건물과 제일 먼 곳에 주차할 거야. 그러면 매일 운동할 수 있겠지. 지루해지면 밖이나 쇼핑몰에서 걸을 수도 있어. 특히 시간이 많을 때 활용해야지.
- **현실적인:** 내 일상생활과 업무 시간에 잘 녹아드는 계획을 짠 것 같아. 평일에는 일이 일찍 끝나는 날에, 그리고 주말에 1만 보씩 걸어봐야지.
- **기한이 명시된:** 3주 동안 이 계획을 실천해봐야지. 그리고 나면 이대로 계속할 건지, 수정할지 검토할 거야.

SMART를 활용해서 목표를 세울 준비가 되었는가? 과거의 '왜'에 집착하고 있다면, 그러느라 현재와 미래를 위한 건설적인 행동에 관심을 기울이지 않는다면 자존감은 더 자라나지 않는다!

Tip19. 과거를 딛고 성장하기

"스스로를 받아들일수록, 그리고 기대치를 낮출수록 행복이
커진다."

– 마이클 J. 폭스(Michael J. Fox)

과거를 그대로 받아들이는 것조차 힘들 때가 있다. 이미 끝나버
렸다는 것을 인정하기 어려울 수도 있고, 결과가 기대만큼 좋지 않
다는 사실을 받아들이기 어려울 수도 있다. 두 번 다시 기회가 오
지 않는다는 것도 인정하기 어렵다. 정체성이 지나치게 과거에 머
물러 있으면, 앞으로 나아가는 것이 마치 나 자신을 놓아버리는 것
처럼 보이기도 한다.

당신의 과거에 어떤 트라우마가 있다면, 중·고등학교 때 잠깐
잘나갔지만 결국 제대로 해내지 못한 느낌이 든다면, 다시 만날 수
없는 애인을 그리워한다면, 인생이 '여기서부터는 계속 내리막길'
이라는 생각이 든다면, 과거를 아쉬워하며 놓지 못하고 있는 것이
다. 당신의 마음은 후회와 상실감으로 가득할 것이다.

과거를 극복하고 받아들이는 것은 누군가를 애도하는 것과 비
슷하다. 1969년 스위스 심리학자 엘리자베스 퀴블러로스(Elisabeth
Kübler-Ross)는 죽음이 임박했을 때 사람들이 경험하는 애도를 5단
계로 나누었다. 부정, 분노, 타협, 우울을 거쳐 마지막은 수용이다.

살다 보면 상실의 순간을 겪게 된다. 건강, 젊음, 꿈, 희망, 관계 등을 잃을 때, 퀴블러로스의 모델은 도움이 되어준다. 간절하게 원했건만 이루어지지 않은 일을 슬퍼할 때도 있다. 수용 단계에 들어서지 못하면 놓친 기회, 실망을 곱씹느라 헛된 시간을 보낼 수 있다. 또한 꿈이 좌절되고 실현되지 않은 것에 분노할 수 있다.

다음은 애도의 5단계별로 보이는 생각 패턴이다. 상실감이 크든 작든, 단계는 동일하다. 애도가 항상 이 단계를 따라 진행되는 것은 아니다. 순차적으로 진행되다 다시 이전의 단계로 돌아가기도 하고, 일정 단계에서 나아가지 못하고 머무르기도 한다. 이미 지나쳤다고 생각한 단계를 다시 밟기도 한다. 상처를 받아들이고 성장하려면 참을성이 필요하다.

1단계: 부정

- **죽음에 대해:** 내가 죽을 수 있다는 가능성을 믿고 싶지 않다. 내가 죽을 운명이라는 것을 납득할 수 없어. 나는 영원히 살 것 같은데.
- **아픈 기억에 대해:** 내가 상처를 입었다는 사실을 인정하고 싶지 않아. 내가 보고 싶은 대로 볼래. 본질은 중요하지 않아.

2단계: 분노

- **죽음에 대해:** 인생은 불공평하다는 사실에 화가 나. 너무 화가 나서 누구도 용서할 수 없어.

- **아픈 기억에 대해:** 내가 이렇게 고통을 받는 것은 나에게 상처를 준 그 사람 탓이야. 분노가 나를 집어삼키고 있어.

3단계: 타협

- **죽음에 대해:** 죽기 전에 해야 할 일들이 있어. 이렇게 하면 결과가 달라질지도 몰라.
- **아픈 기억에 대해:** 어떤 조건들이 충족되면 그를 용서할 수 있을지도 몰라. 내가 이렇게 하면, 다른 사람의 마음이나 행동이 바뀔지도 몰라.

4단계: 우울

- **죽음에 대해:** 꿈을 이루지 못한 건 내 탓이야. 너무 후회스러워.
- **아픈 기억에 대해:** 내가 상실을 경험한 건 내 탓이야. 후회가 나를 집어삼켜서 현재에 충실할 수 없어. 희망이 없어.

5단계: 수용

- **죽음에 대해:** 죽음을 준비하고, 죽음 뒤의 문제에 관해 도움을 구해야겠어. 내 죽음을 받아들이고 무엇을 남길지 생각해볼래.
- **아픈 기억에 대해:** 상처에서 벗어나서 성장할 수 있기를 고대해. 나의 비통함은 점차 감사함으로 바뀔 거야. 내가 가진 한계를 인정하고 인생의 교훈을 얻어야지.

어떤 일이 일어나서, 혹은 일어나지 않아서 상실감이 들었다면, 이제 그 감정을 치유해야 한다.

시도해보기

애도 5단계를 따라서 과거의 분노와 트라우마를 치유해보자.

1단계: 나에게 깊은 영향을 남긴 상실을 떠올려보자. 실제로 누군가 혹은 무엇을 잃은 일일 수도 있고, 심리적인 상실일 수도 있다. 어느 쪽이든 똑같은 단계를 밟게 된다. 앞의 사례를 보고, 나에게도 비슷한 일이 있었는지 자문해보라. 수용의 단계에 도달하려면 무엇이 필요할까?

2단계: 단계별로 나의 애도 과정을 그려보자. 그 옆에 내 생각도 적어놓자. 애도는 일방향 과정이 아니라는 점을 명심하자. 앞으로 나아갔다가 뒤로 물러설 수도 있다. 일상 속에서 일어나는 어떤 일도 후퇴를 촉발할 수 있다. 나아갔다 물러서거나 정체하면서 수용의 단계에 도달하게 된다.

3단계: 내가 고른 사례에 대해, 어느 단계까지 와 있는지 진단해보자. 다음의 질문에 대해 생각해보자.

- 수용 단계까지 다다르지 못하도록 방해하는 것은 무엇일까?
- 한 단계에 갇히지 않고 앞으로 나아가려면 어떤 도움이 필요할까?
- 마음의 평화를 찾고 교훈을 얻으려면 무엇이 필요할까?

4단계: 신뢰할 수 있는 사람과 이 문제에 대해 논의해보라. 도움을 주고 용기를 북돋아달라고 요청하는 것 자체가 치유의 과정이다. 도와줄 수 있는 사람에게 마음을 열고 생각을 표현하는 것 자체가 큰 진척이다. 그런 사람이 주위에 없다면, 전문 상담사를 찾는 것도 도움이 된다.

애도의 5단계가 과거의 슬픔을 딛고 성장할 계획을 세우는 데 도움이 되었는가? 되돌릴 수 없는 과거에 집착하며 시간을 낭비하고 있다면, 눈을 돌려야 하지 않을까? 앞으로 나아가서 무엇을 얻을 수 있을지 바라볼 때다.

Tip20. 트라우마 딛고 성장하기

"성공한 사람과 포기하는 사람의 차이는 위로 올라가는 길을 찾느냐 그렇지 못하냐의 문제다. 장애물 앞에서 절망하고 포기하지 말아야 한다. 기회를 찾아야 한다."

– 숀 아처(Shawn Anchor)

트라우마는 다양한 형태로 나타난다. 다양한 사건이 원인이 되어 무심코 지나치기 어려운 장애물이 된다. 힘든 이별을 했거나, 사랑하는 사람과 절연했거나, 시한부 선고를 받거나, 경제적 어려움을 겪거나, 실직하거나, 평생 꿈꾸어오던 일에 실패하거나, 전쟁이나 자연재해에서 살아남거나, 나나 내가 아끼는 사람이 폭력적이거나 비극적인 사건을 경험했을 때, 가까운 사람의 죽음을 경험할때, 끔찍한 트라우마가 생긴다.

작가이자 연사인 숀 아처는 『행복의 특권』에서 정신적 외상 후 성장을 다룬다. 스트레스를 주는 사건에서 벗어나고 트라우마를 통해 더 나은 사람이 되는 프로세스를 묘사하면서 아처는 '무너진다(Falling down)'라는 표현 대신 '떨어져서 올라간다(Falling up)'라는 표현을 사용했다. 아처는 큰 고통을 통해 위대한 변화를 꾀할 수 있다고 한다. '떨어져서 올라간' 경험이 있다면, 완전히 다른 사람이 될 수 있다. 회복하면서 겪은 경험으로 한층 성장해 더 나은 사람이 된다. 이런 일은 자신과 비슷한 트라우마를 겪은 이들을 도우려고 노력하는 이들에게서도 발견된다. 아처 역시 대학원을 다니면서 우울증을 앓았고, 그 경험을 통해 어떻게 역경을 딛고 일어날 수 있는지, 그리고 마음을 변화시키는 것이 얼마나 중요한지 이해하게 되었다. 그 덕에 그는 자신의 경험을 반추해서 남을 돕는 사려 깊은 사람이 되었다.

당신은 어떠한가? 성장하겠다는 마음으로 회복탄력성을 강화할 수 있겠는가? 과거를 뛰어넘어 새로운 인생의 장을 열 준비가 되었는가?

─── 시도해보기 ───

아처의 '떨어져서 올라간다' 아이디어를 활용해서 외상 후 스트레스를 외상 후 성장으로 변화시키자.

1단계: 개인적으로 크게 성장한 3개의 순간을 적어보자. 아래 문장들을 참고해서 어떻게 성장했는지 묘사해보자.

- 역경을 만났기 때문에 크게 성장할 수 있었는가?
- 어떤 교훈을 얻었는가?
- 그로 인해 더 나은 사람이 될 수 있었는가?
- 다른 사람에게 좀 더 공감할 수 있게 되었는가?
- 그 경험을 통해 좀 더 현명해지고 통찰력 있는 사람이 되었 는가?

2단계: 눈앞에 놓인 역경을 헤쳐나가기 위해 할 수 있는 구체적인 행동을 적어보자. 예를 들어 건강이 지나치게 염려된다면, 건강을 다스릴 구체적인 행동을 생각해보는 것이다.

3단계: 당신의 계획을 믿을 수 있는 사람에게 말하자. 다른 사람의 지지를 받거나 강한 사회적 네트워크를 구축하는 것은, 어려움을 통해 성장할 수 있음을 보여주는 강력한 예측 변수다.

4단계: 당신을 지지하는 시스템이나 당신을 돌봐줄 공동체를 구축 할 방법을 3가지 이상 써보자. 친밀한 네트워크는 다양한 형태로 구축할 수 있다. 친구에게 도움을 요청할 수 있고, 새로운 친구를 만들 수도 있으며, 새로운 클럽이나 사회 활동에 참여할 수도 있다. 혹은 신뢰할 만한 사람에게 고백할 수도 있다.

외상 후 스트레스에 시달리고 있다면, 이를 성장의 기회로 돌릴 계획을 짜보자. 지원을 받을 방법을 찾아보고, 도움을 요청하고, 나를 돌봐줄 사람들을 늘려가는 것이다.

5

자기 자비 키우기

내가 나에게
따뜻하고 부드러운
마음을 보여주며
공감해주는 과정에서
진정한 치유가
이루어진다.

- 크리스틴 네프 -

나에게
친절해지는 법
배우기

시험에서 1등을 하고, 승진하고, 승점을 따내고, 칭찬받는 것은 기분 좋은 일이다. 내가 이룬 성과에 기뻐하고, 유능하고 성공한 사람이 되려고 노력하는 것은 건강한 일이다. 우리는 최선을 다해 노력한 일이 만족스럽게 이루어지면 뿌듯해한다. 하지만 성과가 뛰어나야만, 남에게 인정을 받아야만 내가 가치가 있다고 믿기 시작하면 문제가 발생한다.

최근 심리 연구는 노력으로 얻는 조건부적인 자존감에 크게 집중하지 않는다. 자존감에 대한 전통적인 개념은 조건부적인 성격이 강했다. 하지만 최근 연구들은 실수를 저지르는 자신조차 사랑하는 것이 진정한 자존감이라고 본다. 조건부적인 자존감 대신 자기 자비가 강력한 대안으로 떠오르는 이유다. 리서치 전문가 브레네 브라운은 이런 관점에서 자존감을 바라보는 대표 주자로, 수치심과 완벽주의를 극복하고, 유약한 자신을 인정하며 진심으로 인생을 살아가면 자신을 진심으로 사랑하게 된다고 한다. 브라운의 〈취약성의 힘(Power of Vulnerability)〉은 가장 많은 시청자가 본 TED 강연 중 하나로, 무려 3,100만 명이 시청했다.

크리스틴 네프(Kristin Neff)는 브라운과 의견을 같이하는 또 다른 전문가다. 네프는 자기 자비 분야의 권위자로, 전통적인 자존감 개념이 평균보다 뛰어나야 한다는 쪽에 지나치게 쏠려 있다면서, 자기 자비는 남과 비교하지 않고 자신을 무조건 받아들이는 것이라고 주장한다. 내가 엄청난 실수를 저지르고 실패하더라도 자기 자비는 달라지지 않는다.

자존감에 관한 생각이 달라지면서 성과, 성공, 다른 사람과 비교하는 데 관심이 약해진다. 그 대신 무조건적인 자기 수용과 자기 자비에 시선이 쏠린다.

이는 바람직한 현상이다. 자존감이 '평균 이상이 되는 것'에 근거한다면, 하위 50퍼센트에 속하는 인구의 절반은 부적절하고 성공적이지 않은 존재가 되어버린다. 그런 면에서, 자존감에 대한 새로운 관점은 우리를 자유롭게 해준다. C 학점을 받았든, 꼭 가고 싶던 학교에 합격하든, 당신은 여전히 행복하고 자신에게 만족할 수 있다.

이번 장에서 제공되는 팁들은 전통적인 자존감을 자기 자비로 바꾸는 방법을 알려줄 것이다. 또한 수치심에 근거한 사고를 줄이고, 당신에게 합당한 행복을 이룰 수 있도록 도와준다. 자기 자비는 자신의 유약함을 받아들이고 인생을 충만하게 살 수 있도록 돕는다. 인정받지 못하거나, 거절당하거나, 실패할까 두려워하지 않게 된다.

'나는 이래야만 해'라는 생각을 버리고 있는 그대로의 자신을 받아들일 준비가 되었는가?

Tip21. 자기 자비 알아가기

"안전하지 않다는 믿음, 불안, 우울은 우리 사회에 믿을 수 없을 만큼 만연해 있다. 이렇게 된 것은 자기에 대해 일방적인 판단을 내리는 성향의 탓이 크다. 인생이라는 게임에서 이기지 못할 것 같다고 생각할 때 자기 판단이 우리를 무너뜨린다."

- 크리스틴 네프

여기까지 읽었다면, 자존감이 행복한 인생에 얼마나 중요한 요소인지 충분히 이해했을 것이다. 문제는 자존감을 얻는 방법이다. 자존감은 어떻게 획득할 수 있을까? 전통적인 자존감에서 무조건적인 자기애로 넘어가기 전에, 나의 자존감이 어디에서 나왔는지 살펴볼 필요가 있다.

- 내가 이룬 성과와 남의 인정에서 자존감을 얻었는가?
- 나에게 만족하려면 무엇인가를 해야 하는가? 아니면 증명할 필요 없이 당신은 그 자체로 소중한 사람인가?
- 남과 나를 비교하면서 내가 앞섰다고 생각할 때만 나의 가치를 인정하게 되는가?
- 남과 나를 끊임없이 비교하면서, 내가 남들보다 열등하다고 느끼지 않는가?

위의 질문 중에 하나라도 '그렇다'라고 대답했다면, 당신은 자존감이 취약한 상태다. 성과와 남의 평가에 의존하는 조건부 자존감은 빈약하기 짝이 없다. 반면 자기 자비와 자기 수용에 근거한 무조건적 자존감은 쉽게 흔들리지 않는다.

남과 비교하고, 남에게 인정받고, 무엇인가를 성취해야 나를 받아들이고 사랑할 수 있다고 생각해보자. 달성해야 할 목표는 항상 바뀐다. 세상 누군가는 나보다 뛰어나고, 똑똑하고, 매력적이고, 운이 좋고, 돈이 많다. 이 세상 누군가는 나보다 뛰어난 자식, 더 괜찮은 친구, 더 근사한 이력서를 갖고 있다. 나에게는 아예 없는 자질을 지닌 사람들도 있다.

자존감을 재정의한다는 것은 내가 무엇을 하든, 어떤 성과를 거두든 상관없다는 말일까? 물론 그런 뜻이 아니다. 도전에 임하고, 최선을 다하려는 것은 근사한 일이다. 행복한 사람들도 더 잘하려고 노력하고 최선을 다한다. 뛰어나거나 목적을 이뤄야만 가치 있는 사람이라는 바람직하지 못한 생각을 없애야 한다는 것이다. 나의 자존감이 자기 자비에 근거한다면, 이기든 지든 변함없이 스스로를 사랑할 수 있다.

어떤 일이 있더라도 나를 사랑할 수 있는가? 그렇지 않다면, 나를 사랑하지 못하게 방해하는 것은 무엇인가?

시도해보기

의심 없이 자신에게 만족할 바람직한 방법들이 있다. 꼭 나의 성공을 늘어놓고, 남과 비교해서 판단하지 않아도 된다.

1단계: 당신이 가치 있는 사람이라고 느끼게 하는 일 10가지를 적어보자.

2단계: 조건부 자존감이라는 전통적인 개념에 맞아떨어지는 것이 무엇인지 자문해보자. 어떤 것이 자기 자비에 해당하는지 파악해보자.

3단계: 견고한 자존감과 그렇지 못한 자존감을 구분하기 위해, 자기 자비를 보여주는 답 옆에는 SC(Self-Compassion)라고 쓰고, 성과에 근거한 자존감을 보여주는 답에는 SE(Self-Esteem)라고 쓰자. 예를 들어 "나는 학점이 높았어"라는 문장이 있다면 SE라고 쓴다. 성과에 근거한 자존감이기 때문이다. 무언가에 뛰어났다고 자랑스러워하는 것은 이상하지 않다. 그것이 자신을 사랑하는 조건이 되어서는 안 될 뿐이다. "나는 믿을 만한 사람이고, 윤리적이며 다른 사람들을 잘 보살펴"는 자기 자비에 해당하는 문장이다. 이 말은 당신을 판단하지 않기 때문이다. 당신이 무엇을 하느냐에 집중하지 않고 당신이 어떤 사람인지를 보여준다.

4단계: SE라고 쓴 항목들을 자기 자비에 가까운 문장으로 바꿔보자. "나는 회사에서 제일 크게 성과를 거뒀어"라고 썼다면, "나의 직업윤리가 자랑스럽고 내 일이 즐거워. 전문성과 지식을 크게 향상시켰고, 이를 통해 회사에 공헌했어"라고 바꿀 수 있다.

이런 단계를 통해 흔들리지 않는 자존감을 쌓아가자. 자기 심판에서 벗어나 자기 자비를 알아가는 느낌이 어떤가?

Tip22. 제발 너 자신을 용서하라고!

"과거에는 내가 아는 것만 했다. 지금은 아는 것만 하기에는 더
많은 것을 안다. 그리고 그러기에 더 잘하고 있다."

– 마야 안젤루(*Maya Angelou*)

당신이 실수하긴 했지. 멍청한 짓도 했다. 그런데, 수치스러운 순
간을 도대체 얼마나 되씹고 있을 건가? 냉정함을 잃었건, 직장을 잘
못 선택했건, 대학을 잘못 골랐거나 아예 대학을 가지 않았다고 후
회를 하건, 과음했건, 사랑하는 사람을 내쳤건, 당신이 한 짓을 너
무 늦게 깨달았건, 발표를 망쳤거나 시험을 말아먹었던, 인생은 계
속된다. 중요한 질문은 다음이다.

- 후회스러운 과거의 행동과 선택에서 교훈을 얻었는가?
- 과거에 내린 선택과 판단 실수를 식견을 키우는 기회, 더 성
  숙해지는 발판으로 삼았는가?
- 과거의 경험에서 얻은 지혜를 통해 지금 내가 만족하는 결
  정을 내리고 있는가?

나를 용서할 수 있어야 나에 관한 판단에서 자유로워진다. 내가
어떻게 실수했는지 지적하는 내면의 비평가가 계속 목소리를 높인

다면, 앞으로 나아가는 대신 자학하면서 시간을 보내게 된다. 자신에게 너그럽고 자신을 용서해야 한다. 그렇지 않으면 자기 자신과 전쟁을 하는 것과 진배없다. 과거에 한 말, 혹은 했었어야 하는 말을 반복하고 뒤집는 것은 누구에게도 도움이 되지 않는다. 그런 행동은 감정을 헤집고 상처 입힐 뿐이다.

자, 얼마나 엉망이었건 나를 받아들일 준비가 되어 있는가? 나도 평화를 누릴 자격이 있지 않은가?

---- **시도해보기** ----

다음 연습을 해보면, 친구를 바라보듯 나를 바라볼 수 있다.

1단계: 일을 망친 나에게 가혹했던 때를 떠올려보자. 내가 아닌 다른 사람이 같은 실수를 저질렀다면 어떻게 바라봤을까? 다른 대부분의 사람들처럼, 나 역시 완벽하지 않다는 사실을 인정하고 연민을 갖고 대할 것이다.

2단계: 당신이 선망하는 사람을 떠올려보자. 그 사람이 나처럼 행동했다면, 이를 어떻게 바라볼 것인가? 그 사람의 실수를 어떻게 받아들일까?

3단계: 선망하는 사람 대신 나를 그 자리에 놓아보자. 무엇이 보이는가? 그 사람이 일을 망치기는 했지만, 그를 바라보는 관점은 비판과 판단에서 연민과 용서로 바뀌지 않았는가? 실수할 수 있는 상황을 이해할 수 있지 않은가?

자책하는 순간이 온다면, 이를 기억하고 가장 친한 친구를 대하듯 자신을 대해보자.

Tip23. 수치심 끝장내기

"수치심이라는 것은 극히 괴로운 감정이다. 내게 심각한 결점이 있으며, 그 결과 사랑과 소속감을 느낄 자격이 없다고 믿게 되는 경험이다."

— 브레네 브라운

"부끄러운 줄 알아!", "네가 정말 부끄럽다!", "창피하지도 않니?" 불행하게도 부모나 보호자들은 아이들이 옳고 그름을 분간하고 규칙을 지키도록 하려고 이런 말을 자주 사용한다. 하지만 이런 수치심을 불러일으키는 말들이 아이들을 자기 회의에 빠지게 한다는 것은 미처 깨닫지 못한다. 교사나 보호자들도 훈육이라는 명목으로 아이들에게 자신이 가치 없는 존재라는 생각을 심어준다. 그러는 부모, 교사, 보호자 역시 자라면서 똑같은 말을 들었을 것이다. 슬픈 일이다.

가치가 없다는 말을 들어 마땅한 사람은 없다. 어떤 사람은 수치심이라는 잣대로 자신을 평가한다. 소중한 보호막이라도 되는 양 그 안에서 벗어나질 못한다. 수치심 속에서 사는 것은 스스로를 고립시키는 일이다. '나쁘다' 혹은 '쓸모없다'라는 생각이 들면, 경계심을 풀고 사람을 믿는 것이 어려워진다. 나조차 믿을 수 없다는 사실이 이런 현상을 강화한다.

수치심과 죄책감을 분리하는 일은 매우 중요하다. 일정 수준까지의 죄책감은 건강한 감정이다. 우리는 죄책감에서 교훈을 얻고, 실수나 잘못에 대한 책임을 진다. 죄책감은 우리의 행동을 교정해 주지만, 수치심은 그저 기분이 나빠지게 한다. 죄책감과 수치심은 다음과 같은 점에서 차이가 난다.

수치심	죄책감
나는 가치가 없다는 생각이 핵심	나는 가치 있다는 생각이 핵심
후회가 자기 증오로 변함	후회를 통해 성장하고 달라짐
나에게 결함이 있는 것처럼 느낌	책임을 느낌
자기 파괴적 행동으로 몰아감	실수에서 배우게 됨
나는 원래 나쁜 사람이었다는 생각에 집중	후회스러운 행동에 집중
다른 사람과 관계를 맺을 가치도 없다고 느낌	다른 사람과 관계를 맺는 일이 가치 있다고 느낌
다른 사람과 친밀해지지 못함	다른 사람과 친밀한 관계를 맺을 가능성이 큼
나쁜 행동으로 인해 기분이 나빠짐	나쁜 행동을 후회하면서 바람직한 행동을 취하게 됨

우리가 수치심에 대해 미처 깨닫지 못하는 것이 하나 있다. 수치심은 내게만 영향을 미치는 것이 아니라, 주위 사람들에게도 영향을 미친다는 것이다. 내가 느끼는 슬픔, 부정적인 생각이 다른 사람과의 관계 속으로도 침투한다. 남을 위해 움직일 수 있는 에너지가 사라진다. 상처 입을까, 거절당할까, 지적을 받을까 두려워서 항상 방어 모드로 사람을 대한다. 같이 시간을 보낼 만큼 달가운 존재가 되지 못한다. 아이러니하게도 자신을 매몰차게 대하면서 사랑하는 사람에게도 상처를 입히는 것이다. 괴로워하는 것은 당신뿐만이 아니다!

당신은 어떠한가? 죄책감을 통해 동기부여를 하는 사람인가, 수치심에 휩싸여 과거에 머무르면서 스스로를 좀먹는 사람인가?

─────── 시도해보기 ───────

다음 연습을 하면 수치심을 몰아낼 수 있다. 이를 통해 자기애와 자기 자비에 한 발자국 가까워질 것이다.

1단계: 수치심을 느낀다면, 왜 그런 느낌을 받는지 이유를 적어보자.

구체적으로 적어야 한다. 무엇이 창피한가? 과거에 했던 일이나, 내가 매력적이지 않게 느껴지는 이유를 생각해보자.

2단계: 내 생각에 이의를 제기해보자. "이 생각은 이성적인가, 비이성적인가?" 스스로 질문을 던져보자. "나는 나쁜 사람이야"라는 생각은 비이성적이다. 이성적인 생각은 다음과 같다. "남에게 인정받지 못할까 봐 두려워한다는 것은 자신감이 부족하다는 것을 뜻해. 내가 나쁘거나 비호감이라는 뜻은 아니야. 우선 나 자신을 사랑해야겠어. 나에 대한 혐오를 남에게 투영해서는 안 되지."

3단계: 자기를 질책하는 습관을 심어주는 특정한 메시지를 잡아낼 수 있는가? "수치심을 동기부여 요소로 사용하지는 않았는가? 스스로에게 엄격하게 굴지 않으면 게으름을 피울까 두려운가?"라는 질문을 해보자. 사실 상황은 정반대로 돌아간다. 수치심은 당신을 녹다운시키고 불안을 조장하며 생산성을 하락시킨다.

4단계: 새로운 계획과 목표를 짤 때, 나에게 악영향을 미치던 생각을 바꿔서 수치심을 덜 느끼게 하자. 예를 들어 "작은 일이라도 목소리를 내서 말하는 연습을 할 거야. 그럼 내 생각을 표현하는 게 좀 편해지겠지. 자기주장에 관한 책도 읽어볼 테야. 스트레스받을 때 술로 도망치던 것도 줄여보자" 등이 있다. 해야 할 일 외에 앞으로 하지 않을 일도 생각해보자.

5단계: 앞의 단계까지 실행했을 때, 나에 대해 어떤 느낌이 드는지 확인해보자. 부적절한 수치심을 바람직한 죄책감으로 바꾸고, 실수에서 교훈을 얻으며, 전진하기 위한 계획을 세우는 것에 대해서 무슨 생각을 하게 되는가? 자책하지 말고, 마음의 상처를 봉합하고 수습하는 것에 집중한다면 어떤 느낌이 들 것 같은가?

소소하지만 중요한 연습을 하다 보면, 실수하거나 일을 망쳤다고 해서 수치심 속에서 살아야 할 필요는 없다는 사실을 받아들일 수 있게 된다. 무슨 일이 있었든 당신은 근사한 사람이다(나도 근사한 사람이다. 근사한 사람이 하는 말이니 한번 믿어볼 만하지 않은가!).

Tip24. 약해져도 괜찮아

"유약해야 사랑이 피어나고 소속감이 들며 행복, 용기, 공감, 창조성이 생긴다. 도움을 주고 공감하며 신뢰하고 진심이 전해지는 근원이기도 하다."

– 브레네 브라운

유약함이 약점이라고 생각하는 사람이 많지만, 사실은 정반대다. 유약함은 마음을 다하고 충심을 다해 살려면 꼭 갖춰야 할 덕목이다. 우리는 유약함이 결점이라도 되는 것처럼 배워왔지만, 유약함은 우리를 더 강하고 신실한 사람으로 거듭나게 해준다. 감정을 드러내고 변화와 성장을 기꺼이 받아들이도록 도와준다.

남에게 유약한 모습을 드러내지 않다 보면, 나쁜 선택을 하고 중독 증세까지도 보이게 된다. 너무 많은 사람이 알코올, 마약, 음식 등에 빠져서 신체적, 정신적 건강을 망가뜨린다. 유약함을 인정하지 못하고 남에게 도움을 청하지 못해서 이런 비극적인 상태에 빠지게 된다.

당신도 이러지 않은가? '안전한 길을 가려고' 너무 많은 에너지를 쓰고 있지 않은가? 약해 보일까 봐 입을 다물지 않는가? 두려움과 불안한 마음에 자신의 유약함을 회피하려 들면 오히려 더 불안정해지고 쉽게 흔들리게 된다.

과감하게 도움을 청하고 지원을 받을 준비가 되어 있는가? 자신의 유약함을 받아들일 수 있는가?

유약함이 주는 강인함을 경험하기 위해 다음 단계를 밟아보자. 내가 약하다는 사실을 시인하고 도움을 받아들이려는 자세야말로 진정한 강인함을 보여주는 표식이다.

1단계: 내가 갓난아기라고 생각해보자. 유약하고 스스로 아무것도 할 수 없는, 남에게 의존하는 존재가 된 것이다. 아이였을 때 사진이 있다면 꺼내서 바라보자. 마냥 귀엽고 희망에 차 있는 존재 아닌가? 이 취약하고 사랑스러운 아이에게 동정심이 생기지 않는가?

2단계: 하루에 한 번씩 아이의 아름다운 취약함을 지켜보자. 그리고 나도 그런 아름다운 존재라는 것을 상기하자. 방어벽을 치지 않고, 도움을 청하며, 다른 아이들과 비교하지도 않는다. 자신이 멍청하다고 생각하지 않고 자유롭게 질문도 던진다.

3단계: 메모지를 한 장 꺼내서 내 안에 존재하는 가치를 끄집어내 보자. "다른 사람에게 도움을 청하는 것은 근사한 일이야. 나는 아름답고 소중한 존재야. 고귀하고 만족스러운 삶을 살 자격이 있어." 이 메모지를 상자나 병에 넣어두고 매일 한두 번씩 읽어보자. 오늘 교훈으로 삼을 문장이 무엇인지 생각해보자. 거울을 보면서 스스로에게 말하는 것도 도움이 된다.

유약해도 되고, 약하다고 생각해도 되고, 도움을 청해도 된다. 이 모든 것이 당신을 강하게 만들어줄 것이다. 자신의 유약함을 인정하지 않는다면 위대해질 수도 없다.

Tip25. 나에게 친절해지기

"자신에게 친절해지면 복잡한 심경을 위로하고 달래줄 수 있다. 내가 나에게 따뜻하고 부드러운 마음을 보여주며 공감해주는 과정에서 진정한 치유가 이루어진다."

– 크리스틴 네프

자신에게 너그러운 마음이 들지 않는다면, 이는 스스로에게 너무 엄격하다는 뜻이다. 내가 충분히 뛰어나지 않다고 느끼든, 스스로에게 엄격해야 나태해지거나 현실에 안주하지 않을 것이라고 믿든, 자신을 속단하고 몰아치는 행위는 나를 행복하게 해주지도 않고 마음의 평온을 가져다주지도 않는다. 자기비판이 동기를 유발한다고 믿는 사람이 있을지도 모른다. 하지만 현실적으로 봤을 때, 자기비판은 불안감을 조장하고, 불안감은 창조성, 생산성, 원만한 관계 맺기를 방해한다.

네프는 자기비판적인 태도를 자기 자비적인 태도로 바꿀 수 있는 3가지 해결책을 제시했다.

- **보편적인 인간의 특성:** 당신만 이런 게 아니다. 고군분투하는 것은 인간의 자연스러운 모습이라는 점을 명심하라. 사람이 사는 데에는 어느 정도의 고통, 상실, 도전이 수반

된다. 이런 경험을 한다고 자신이 뒤떨어진 존재라고 느끼지 말고, 모든 사람이 겪는 공통적인 문제라는 사실을 받아들이고 거기서 위안을 얻어라. 고통을 겪고, 환영받지 못하고, 외로움을 느끼는 것은 모든 인간의 공통적인 감정이다.

• **자기 친절:** 나는 나 자신의 친구고, 선한 사람이라고 생각하라. 자신을 혐오하고 분노하고 비판하는 대신, 어떤 잘못을 저지르더라도 친절하고 따뜻하게 대하고, 수용하는 태도를 보여라.

• **마음챙김:** 현재에 집중하고, 판단하지 않고 주위를 받아들이는 것을 마음챙김이라고 부른다. 지금 순간을 의식하는 데 집중한다면, 과거에 매이지 않고 미래에 어떤 일이 일어날지 걱정하지 않는다. 현재에서 다른 데로 시선을 돌리지 않게 된다. 어려움에 처했을 때 생각과 느낌에서 나를 분리할 수 있다. 그러면 생각과 느낌에 일일이 반응하지 않게 되고, 그로 인해 마음을 다치지도 않는다.

스스로에게 친절하라. 보편적인 인간의 특성이 내게도 있다는 생각을 하면 다른 사람과 연결되어 있다는 느낌을 받게 된다. 오늘 당장 삶에 변화를 가져올 준비가 되었는가?

자기 자비에 대한 3가지 분야를 활용해서 내면의 비평가를 침묵시키고 자존감을 키워보자.

1단계: 네프가 말한 자기 자비의 3요소에 대해, 어떻게 적용할 수 있을지 한 가지 이상 사례를 적어보자.

2단계: 팔을 부드럽게 툭툭 치거나 목을 문지르거나 심장 위에 손을 얹는 것처럼 자신을 위로하는 행동을 해보자. 자기 자비에 집중하면서 어떤 느낌이 우러나는지 유심히 살펴보자. 자신에게 따뜻한 태도를 보이고 스스로를 사랑하는 것은 어떤 느낌인가?

3단계: 나에게 포옹이나 키스를 해주는 것은 어떨까? 허쉬의 '허스 앤 키세스(Hugs & Kisses) 초콜릿 제품만 봐도 자신에 대한 애정을 표현하는 것이 얼마나 중요한지 알 수 있다. 이렇게 구체적인 행동을 하는 것만으로도 다른 사람에게 친절하고 사랑을 퍼뜨려야 한다는 사실을 새삼 깨닫게 된다.

이런 간단한 행동으로 나를 돌봐야 한다는 것을 나에게 알려주자. 스스로를 적으로 간주하기보다는 친구로 대접하는 편이 낫지 않을까? 당신은 충분히 그럴만한 자격이 있다.

6

마음챙김 배우기

그 순간에 온전히
기뻐하는 것,
그것으로 충분하다.
우리에게 필요한 것은
지금 바로 이 순간,
그뿐이다.

- 테레사 수녀 -

현재에
집중하기

　이 장에서는 마음챙김(Mindfulness)이라는 개념을 좀 더 깊게 들여다본다. 마음챙김은 최근의 심리학 이론과 치료 방법으로 큰 관심을 받고 있다. 많은 사람이 마음챙김을 명상과 동일시하지만, 눈을 감고 조용히 앉아서 깊게 숨을 내쉬는 것은 마음챙김의 한 가지 사례일 뿐이다. 심리 치료 방법으로서 마음챙김이란 자신을 세상에서 격리시키지 않고 지금의 세상과 자신을 인식하도록 도와주는 연습이다. 간단히 말해서, 마음챙김이란 편견 없이 인식하는 연습이라고 할 수 있다.

　산 정상에서 결가부좌를 하고 앉아 있든, 꽉 막힌 도로 한가운데 운전석에 앉아 있든, 밥을 먹든, 일을 하든 수업을 듣거나 게임을 하든, 텔레비전을 보거나 샤워하거나 걷거나 꽃을 심든, 세탁기를 돌리든, 의식적으로 깨어 있으면 지금 이 순간을 풍성하게 경험한다. 과거를 반추하거나 미래에 대해 우려하는 대신 현재에 존재하는 것이다.

마음챙김이 매일매일의 삶에 어떻게 도움이 되는지 구체적인 사례를 들어보자. 어려운 시험을 앞두고 있다고 하자. 시험이 생각보다 어렵다면, 여러 가지 부정적인 생각이 들면서 신경이 분산 될 것이다. 공부를 열심히 하지 않았다며 자책할 수도 있고 어떻게 해야할지 몰라 불안해할 수도 있다. 어렵게 시험을 낸 사람에게 화가 날수도 있고, 다른 사람은 어떻게 준비하는지 알고 싶어서 두리번거릴 수도 있다. 내 머리가 나쁜 건 아닌지 의심에 빠질 수도 있고, 도대체 내 인생에 제대로 되는 일이 있기는 하는 건지 회의에 빠질 수도 있다. 심리가 외부로 표출되면서 손바닥이 땀으로 축축해지거나, 심장이 두근거리거나, 숨이 가빠지거나 토할 것 같아지기도 한다. 온갖 생각과 염려가 생리 현상으로 표출된다. 이런 현상이 바로 마음챙김과 정반대의 상태다.

마음챙김이 잘 이루어진 상태라면 동일한 상황을 어떻게 바라볼까? 부정적인 생각들이 순식간에 마음속을 스쳐 지나갈 수도 있지만, 그런 생각을 하나하나 파악하고 신경을 쏟는 대신, 생각이 마음을 스쳐 지나가도록 내버려둔다. 이로 인해 불안한 마음이 생기지 않는다. 어떤 생각이 떠올랐는지에 크게 연연하지 않고, 그 생각으로 인해 불안해지는 대신 그 생각을 찬찬히 바라본다. 대신 지금 당장 해야 할 일에 집중한다. 내가 어떻게 일을 망쳐버렸는지 중얼거리는 마음속 목소리에 크게 신경 쓰지 않는다. 불안에 휘둘리는 대신 평온한 마음이 된다. 신체 반응도 평온하고 안정적이다.

당신은 어떤 상태가 되는 편인가? 첫 번째 시나리오대로 될 가능성이 크다. 하지만 당신이 원하는 것은 두 번째 상태가 되는 것 아닌가? 마음챙김으로 매일매일 평온과 행복을 찾을 수 있다.

Tip26. 일상에서의 마음챙김

"어떤 일도 할 수 없는 날이 두 개가 있다. 하나는 어제이고 또 다른 하나는 내일이다. 오늘만큼 사랑하고, 믿고, 실행하고, 살아갈 수 있는 날은 없다."

– 달라이 라마

마음챙김은 매일매일의 삶을 좀 더 제대로 인식하게 도와준다. 마음챙김 전략을 활용하면 현재를 중심으로 살게 된다. 이를 통해 하루하루를 충만하게 살아가고, 스트레스를 다스리며 정신과 신체 건강을 개선할 수 있다. 마음챙김으로 부정적인 생각을 달래고 자기애와 자존감을 강화할 수 있다.

마음챙김에 대한 연구가 왕성해지면서, 일상에서 마음챙김을 실천한다는 것이 얼마나 중요한지 알려졌다. 마음챙김에 대해서 다양한 방법과 테크닉이 소개되었지만, 모든 마음챙김 전략을 관통하는 공통분모가 있다.

- 판단하지 않는 인지. 바꿀 수 없는 일은 있는 그대로 받아들이게 된다.
- 마음으로 인지하고 관찰하며, 사물을 공평하고 객관적으로 바라보는 것.

- 자신의 가치를 평가하고 비판하는 대신 자신을 받아들이는 것.
- 현재에 집중해서 과다한 반추와 우려를 없애는 것.
- 보고, 느끼고, 맛보고, 듣고, 냄새 맡는 것에 집중하는 것.
- 어떤 일을 판단하는 대신 받아들이고 감사하는 태도.
- 초심자의 마음으로, 아이 같은 인지를 통해 새로운 관점에서 세상을 바라보는 것.
- 편견과 고정관념을 버리고 유연하게 사고하는 것.

마음챙김의 이런 요소들을 활용하면 느긋한 마음으로 행복한 삶을 살 수 있다. 삶을 있는 그대로 바라보고, 지금 일어나는 일들에 대해 좀 더 열린 마음이 되는 것이다. 과거에서 벗어나지 못하고 미래 때문에 불안해한다면, 편견을 갖고 판단을 내린다면, 자존감은 절대 강해지지 않는다.

마음챙김을 시도할 준비가 되었는가? 머릿속으로 온갖 생각을 하는 대신 현재에 충실하며 평화롭게 살고 싶은가?

'마음챙김 도구 상자'를 하나 만들어보자. 매일매일 일상에서 마음챙김을 실현할 수 있는 실용적인 방법이 될 것이다.

1단계: 신발 상자 정도의 작은 상자나 바구니를 찾아서 '마음챙김 도구 상자'로 정한다. 마음챙김에 도움을 주는 긍정적인 말, 격언, 팁 등을 적은 메모지나 물건, 그림 등을 상자에 집어넣는다.

2단계: 지금 이 순간에 집중하는 데 무엇이 도움이 될지 생각해본다. 그리고 오감을 자극하는 아이템을 모아보자. 아래와 같은 것들이 도움이 된다.

- **후각:** 계피 조각, 허브, 향이 들어간 비누나 향초
- **미각:** 초콜릿, 건포도, 사과, 그래놀라 바, 물이나 차
- **시각:** 사랑하는 사람의 사진, 잡지나 인터넷에서 찾은 평화로운 이미지, 스노볼(직접 만든 것도 좋다), 만화경
- **촉감:** 마음이 편안해지는 향기로운 로션, 부드럽고 털이 많은 동물 인형, 스트레스 볼, 점토
- **청각:** 명상용 종, 작은 차임벨

3단계: '마음챙김 도구 상자'에 있는 물건들을 활용해서 일상에서 할 수 있는 방법을 궁리해보자. 과거에 대한 후회와 미래에 대한 우려에 신경을 빼앗기는 일이 줄어들 것이다. 이 도구 상자를 활용해서 현재에 집중해보자.

'마음챙김 도구 상자'에 넣을 수 있는 것이 또 뭐가 있을까? 힘든 때일수록 침착해야 한다고 다독여주고, 좋은 때라면 그 순간을 더 누릴 수 있도록 도와주는 물건은 뭐가 있을까? 나만의 '마음챙김 도구 상자'를 만들면, 지금 순간을 더욱 즐기게 되고, 있는 그대로의 내 모습에 만족하며, 과거의 상처를 치유하고 자신의 인생을 감사히 여기게 된다. 또한 자존감을 강화할 수 있다.

Tip27. 부정적인 생각을 멀리하는 마음챙김

"다른 사람이 당신을 대하는 태도는 그들의 업보가 된다. 이에 어떻게 반응하느냐가 당신의 업보가 될 것이다."

– 웨인 다이어

한창 화가 났을 때 마치 영화를 보는 것처럼 그 감정을 지켜보려고, 그 감정에서 떨어지려고 노력해본 경험이 있는가? 반응하기 전에 한 걸음 물러서서 생각과 감정을 살펴보려 노력하는가? 감정적인 상황에서 물러나 좀 더 객관적인 시각을 가질 수 있는가? 자신의 생각과 관점에서 사물을 바라보는 대신 생각 자체를 살펴보려 노력하는가? 방금 말한 것들을 경험해본 적이 있다면, 당신은 헤이스가 창시한 수용전념치료(Acceptance and Commitment Therapy)를 시도해본 것이다.

헤이스에 따르면, 독이 되는 생각에 사로잡히면 바람직하지 않은 생각들이 인지적 융합(Cognitive Fusion)을 통해 마음속에 단단히 자리 잡는다. 즉, 당신의 인지, 혹은 생각이 사고방식과 섞여버리는 것이다. 이런 생각을 지켜보고 관찰해서 내게서 떼어놓아야 한다. 즉, 마음에서 분리시키는 것이다. 그래야 생각이 왜곡되지 않고 객관적인 상태가 된다. 인지적 분리(Cognitive Defusion)는 현재에 집중하도록 도와주기 때문에 마음챙김 테크닉으로 분류된다. 마음챙김은 부정적인 생각과 감정적 동요를 떼어내는 중요한 수단이다. 이를 떼어내지 않으면 자존감이 낮아진다.

인지적 분리는 머릿속에 관찰자를 두는 작업이라고 할 수 있다. 예를 들면, 머릿속 관찰자는 '나는 머저리야'라는 생각을 '나는 내가 머저리라고 생각해'로 바꾼다. 이런 식으로 생각하면 편파적인 인식으로 나를 정의하는 일이 줄어든다. 아무런 의심 없이 특정 방식으로 생각하는 것이 아니라, 특정 방식으로 사고하는 자신을 관찰하는 것이다. 관찰자 연습을 하게 되면, 자연스럽게 인지적 분리를 실행하게 된다. 해로운 생각을 진실이라고 받아들이지 않고 한 번 더 인지하게 되는 것이다. 부정적인 생각에 빠져 고민하는 대신 이를 관조하게 된다.

과거의 갈등이나 미래에 대한 두려움 때문에 바람직하지 못한 생각을 반복하는 것을 멈출 때가 되었다. 현재를 충실히 살고, 자존감을 키우기 위한 전략을 실행해보지 않겠는가?

시각화를 활용하면 부정적인 생각을 멀리하고 그것이 더는 나에게 영향력을 행사하지 못하게 할 수 있다.

1단계: 바람직하지 못한 인지를 떼어내기 위해, 생각과 느낌을 날씨라고 생각해보자. 태풍, 눈보라, 빗줄기가 아무리 거세더라도 결국은 모두 지나갈 것이라고 참을성 있게 믿으면, 어느 순간 청명한 하늘을 볼 수 있게 된다. 우리는 날씨를 바꾸려들지 않는다. 날씨를 지배할 수 없다. 언젠가 태풍이 지나가고 해가 비칠 것을 알기에 그저 날씨를 지켜보며 떨어져 있을 뿐이다. 지금 마음을 괴롭히는 생각 또한 지나갈 것이다.

2단계: 나는 하늘이고, 내가 원하지 않는 생각은 구름이라고 생각해보자. 구름이 지나가는 길을 바꾸려 하지 말고, 구름 때문에 현재에 집중하는 것을 포기하지 말자. 편견 없이 바라보면서 구름이 사라지는 것을 지켜보자. 종이에 그림을 그려놓고 옆에 자신을 괴롭히는 생각을 하나하나 적는 것도 도움이 된다.

3단계: 비치 볼을 억지로 물에 집어넣는다고 상상해보자. 비치 볼은 계속 물 밖으로 튀어나온다. 생각도 마찬가지다. 어떤 생각을 받아들이고 넘어가는 대신 계속 저항하려고 들면 그 생각은 비치 볼처럼 자꾸 다시 모습을 드러낸다. 불안과 싸우는 대신, 불안을 차분히 관찰하라. 수용하고 마음으로 받아들인다면, 그 어떤 일도 해결할 수 있다. 자신에 대한 믿음을 가져라. 자신에게 부정적으로 말하거나, 자신의 생각에 저항하거나 그 생각을 억누르고 하지 않아도 된다. 그러면 내면이 좀 더 강해지고 자신감을 갖게 된다.

위와 같은 시각화 연습을 계속 시도하자. 연습할수록 부정적인 생각에 빠지지 않고 그 생각을 차분히 바라볼 수 있게 된다. 생각에 휘둘리지 말고 통제하자.

Tip28. 수용 연습하기

"신은 내게 바꿀 수 없다면 수용하는 평안한 마음, 할 수 있다면 바꿀 수 있는 용기, 차이를 알 수 있는 현명함을 주셨다."

– 라인홀트 니부어(Reinhold Niebuhr)

누구나 인생의 결과를 바꾸지 못해 고통스러워한 경험이 있다. 모든 부모가 자녀가 나쁜 길로 새는 것을 막으려고 노력한다. 사고가 일어나면 '내가……을 했다면'이라는 생각에 사로잡혀 이유를 되짚고 또 되짚어본다. 감당할 수 없는 역경, 상실, 불운이 닥치면 인생은 공평하지 않다며 슬퍼하게 된다.

수용을 연습하면, 사람이 어떻게 할 수 없는 어렵고 잔인한 상황이 닥쳤을 때 인생을 크게 바꿀 수 있다. 사랑하는 사람과의 이별이나 죽음, 불치병, 인생을 좌우할 장애 등을 경험할 때, 인생은 불공평하다는 사실이나 내가 왜 제대로 대처하지 못했는지 자책하는데 집중하면 인생은 더욱 비참해진다. 반대로 나는 그 상황을 바꿀 힘이 없었다는 것을 수용하면, 트라우마와 화해하고 거기에서 벗어날 수 있다. 수용한다고 해서 슬픔이나 상실감이 사라지지는 않지만, 마음의 평안을 얻을 수 있다. 고통스럽기는 하겠지만, 고통이 어느 수준이상으로 과해지지는 않는다.

'그렇게 되었어야 해' 혹은 '그 일은 일어나지 말았어야 해'라고 되짚으며 허송세월했다면, 할 수 없는 일에서 벗어나 할 수 있는 것은 무엇인지 들여다보아야 한다. 일어난 일을 수용하는 태도를 갖고 나면, '왜 이런 일이 나에게 일어난 거지? 너무 끔찍해!' 대신 '이런 일이 일어났다니 유감이야. 하지만 나는 이 일을 해결할 수 있고 성장할 수 있어'라고 생각할 수 있다.

시도해보기

불편한 생각을 수용하는 생각으로 대체하기 위해 대응하는 문장을 사용해보자.

1단계: 계속 떠오르는 불편한 생각을 3개 이상 꼽아보자. 이를 받아들이기 위해, 대응하는 문장을 생각해보자. 그리고 힘이 들 때마다 주문처럼 되뇌어보자.

- 사는 게 다 그렇지.
- 내가 바꿀 수 있는 것만 바꿀 수 있어.
- 어떤 어려움이나 고난이 닥치더라도 그 안에서 의미를 찾을 수 있어.

- 내가 어떻게 할 수 없는 것을 해보려고 싸워봤자 의미 없어. 내가 할 수 있는 것에만 집중하자.
- 누가 잘못했다고 콕 집어 말하는 게 중요하지 않아. 받아들이고, 용서하며 견뎌내는 게 중요하지.

2단계: 위에 쓴 것 중에 어떤 것이 가장 와닿는가? 다른 말을 더해볼 수 있을까? 고통스러운 과거와 트라우마를 소화하려면 받아들이는 연습을 해야 한다. 당신에게 가장 잘 먹힐 것 같은 대응 문장을 5개 이상 써보자.

3단계: 메모지에 대응 문장을 하나씩 적어보자. 이 메모를 지갑이나 가방에 가지고 다니거나 자동차나 책상이나 부엌에 놔둔다. 마음챙김과 수용을 연습할 때마다 이 메모를 들여다본다. 대응 문장을 통해서 고난을 당했을 때 안정적인 마음을 유지할 수 있다.

자신을 판단하려 하지 말고, 있는 그대로 받아들이려는 습관을 키워보자. 나를 받아들일 수 있다면 내 인생도 받아들일 수 있다. 당신의 시간과 관심을 투자해볼 만한 일이다.

Tip29. 과거를 되씹는 대신 마음챙김으로 대응하기

"마음챙김은 의식적으로 지금 현재에 집중하는 것이다. 어떤 편견도 없이, 지금 일어나는 순간의 경험에 집중한다."

– 존 카밧진(Jon Kabat-Zinn)

게일은 나와 상담하면서 완벽한 이상형을 만났다고 이야기해주었다. 그리고 새롭고 환상적인 관계 덕에 근사한 몇 주를 보냈다고 덧붙였다. 게일은 그 사람이 특별하다고 믿었고, 그런 사람을 만났다는 데 흥분해 있었다. 그녀는 하루하루 이 관계를 충만하게 만끽하겠다고 결심했다. 이 관계가 얼마나 갈지 걱정하지 않고 관계 자체를 온전히 누리겠다고도 했다. 하지만 몇 주가 지나자, 그녀는 다시 불안해하며 과거의 일을 곱씹었다. 그와의 관계는 더할 나위 없이 순조로웠는데도 말이다. 게일은 엉망이 되었던 과거의 연애를 떠올리고, 똑같은 일이 반복되지 않을까 두려워했다. 자신이 관계를 어떻게 망쳐버렸는지 떠올리고, 그런 상태를 견디지 못했다. 게일은 그가 자신을 알아갈수록 자신을 싫어할 거라고 우려했다. 관계가 망가지는 것은 시간문제라고 두려워했고, 그에게 어떤 실수나 잘못된 말을 하지 않을까 불안해했다.

사람은 과거를 곱씹을 때 괴로워진다. 과거를 반추한다는 것은 바꿀 수 없는 지난 일을 부정적으로 반복해서 생각한다는 뜻이다.

이는 자기혐오로 이어지고 우울, 불안, 자존감 하락을 불러온다. 머릿속으로 부정적인 생각을 되뇌면 힘이 **빠지고** 무력한 느낌이 들게 된다. 바꿀 수 없는 과거와 불확실한 미래에 집중하기 때문이다. 현재를 살고 있는 우리는 과거와 미래를 바꿀 수 없다.

당신은 어떠한가? 현재에 집중하기 위해 마음챙김 전략을 구사할 준비가 되었는가? 과거에 집착하는 대신 현재를 온전히 받아들일 때다.

시도해보기

마음챙김을 연습하면 머릿속으로만 생각하는 일을 멈추고 삶의 매 순간을 충분히 느끼게 된다. 그러면 자존감을 앗아가는 부정적인 혼잣말도 줄어든다. 존 카밧진이 2005년 MBSR(Mindfulness-Based Stress Reduction, 마음챙김에 근거한 스트레스 완화) 프로그램에 소개해서 유명해진 방법을 활용해보자.

1단계: 건포도를 하나 들고, 입속에 털어 넣는 대신 잠깐 그 상태를 유지해본다. 건포도의 질감을 느껴보고 느낌, 모양새도 고민해본다. 건포도를 쳐다보면서 처음 본 것이라고 상상하며 지금 바라보고 있는 것을 묘사해보자. 눈을 감고 촉감을 동원해 약간 끈적한 표면도 느껴본다. 그런 뒤 건포도를 입에 집어넣고, 입속에 들어 있는 건포도 자체를 느껴본다. 평소처럼 꿀꺽 넘기지 말아야 한다! 음미하면서 건포도를 씹어 천천히 삼키면서 맛, 향, 풍미를 온전히 느낀다. 건포도를 목 뒤로 넘기는 순간도 의식적으로 느낀다. 꼭 건포도가 아니어도 괜찮다. 어떤 음식도 연습 대상이 될 수 있다. 이 훈련을 하면 먹는 속도가 느려지고 입안에 무엇이 있는지 의식하기 때문에 몸무게 감량 효과도 있다.

2단계: '보디 스캔(Body Scan)'을 활용해서 마음챙김 상태로 들어가보자. '보디 스캔'은 마음을 이완하고 마음챙김에 온전히 집중하게 해준다. 몸과 마음의 평안을 찾고 현재에 의식적으로 집중할 수 있다. 누워서 몸의 다양한 부위에 주의를 기울인다. 발가락, 오른쪽 다리, 왼쪽 다리, 점차 머리를 향해 올라간다. 몸의 각 부분에 어떤 느낌이 있는지 주의 깊게 살피며 긴장을 늦추고 집중한다. 자신의 몸을 악기라고 치고 '보디 스캔'이 일종의 조율 작업이라고 생각하는 것도 괜찮다.

3단계: 사물 명상(Object Meditation)은 일상생활에서 마주치는 사물 하나를 집중해서 관찰하고 의식하는 방법으로, 쉽게 할 수 있는 마음챙김 연습 방법이다. 별생각 없이 스웨터를 입는 대신, 촉감을 느끼고 색깔을 자세히 들여다보고 얼마나 부드러운지 만져본다. 손가락을 대보고 그 느낌을 차분히 관찰한다. 건포도를 들고 했던 것처럼, 스웨터를 태어나서 처음 보는 것처럼 바라보고 모든 감각을 이용해서 받아들이는 것이다.

머릿속으로만 생각하지 말고, 지금의 나에게 온전히 집중해보자. 마음챙김은 다양한 방법으로 쉽게 할 수 있다. 마음챙김을 연습하면 내가 이런 투자를 할 만한 소중한 존재라는 것을 깨닫게 된다.

Tip30. 초심자의 마음 키우기

"그 순간에 온전히 기뻐하는 것, 그것으로 충분하다. 우리에게 필요한 것은 지금 바로 이 순간, 그뿐이다."

– 마더 테레사

"오늘 아침 식사를 놓쳤어"라는 말을 들으면 무슨 뜻이라고 생각할까? 여느 사람이라면 아침을 먹지 않아서 점심때까지 공복이었다고 생각할 것이다. 하지만 무엇을 먹고 있는지 충분히 주의를 기울이지 않았기 때문에 아침 식사를(온전히 느끼는 것을) 놓쳤다고 말할 수도 있다. 당신은 어떤가? 당신도 오늘 아침 식사를 놓쳤는가?

마음챙김은 불교 선종에서 '초심자의 마음'이라고 부르는 오래된 개념에 뿌리를 두고 있다. 초심자의 마음을 지닌 사람은 선입견이나 편견이 없고, 마음이 열려 있다. 태어나서 처음 경험하는 것이 많은 아이를 생각해보자. 아이는 온전히 그 순간에 집중하면서, 열린 마음과 열정으로 인생을 경험한다. 그 어떤 선입견도 없이 말이다. 나이를 먹어가면서 순간순간의 경험에 과거의 경험, 기억, 편견이라는 때가 묻는다. 그래서 지금 이 순간을 제대로 바라보지 못한다.

사람은 누구나 새로운 관점으로 사물을 볼 수 있고, 편견이나 고정관념을 없앨 수 있다. 성급하게 판단을 내리지 않을 수 있다.

초심자의 마음을 지니고 있다면, 과거의 일이나 앞으로 일어날 일에 얽매이지 않는다. 냉소적이지도 않고 심드렁하지도 않기에 무슨 일이든 받아들일 수 있다.

초심자의 마음으로 지금 이 순간에 온전히 집중하면 열린 마음이 된다. 세상을 왜곡하는 자기비판적 관점을 버리게 되고, 나를 사랑하는 마음이 생긴다. 새로운 관점으로 세상을 바라보면, 좀 더 참을성 있게 자신의 인생을 받아들이게 된다.

지금까지 세상을 바라봐온 방식이 마음에 들지 않다면 내가 원하는 인생, 가치 있는 인생이 되도록 두 번째 기회를 잡아야 한다. 초심자의 마음으로 새로운 인생을 시작하는 것이다.

시도해보기

초심자의 마음을 지니면, 인생을 새로운 눈으로 볼 수 있다.

1단계: 아이의 순진함, 새로운 관점을 기억하라. 아이가 세상의 법칙을 발견하는 그 순간에 주목하라. 어른이라면 당연하다고 여기는 것도 아이들은 무심히 넘어가지 않는다. 꽃이 얼마나 아름다운지, 풀이 얼마나 부드러운지, 음식에서 어떤 맛이 나는지, 어른들은 무심하게 넘어가는 것들에 아이들은 쉽게 매혹된다.

2단계: 아이의 눈으로 주위를 돌아보자. 어떤 것도 당연하게 여기지 말고, 처음 보는 것처럼 대하자. 무엇이 보이는가? 어떤 냄새가 내 관심을 끄는가? 어떤 느낌이 드는가? 감촉이 어떤가? 무엇이 들리는가? 색감, 모양, 질감, 냄새, 소리에 집중하라.

3단계: 무엇인가를 경험할 때마다 성급하게 판단을 내리고 있지 않은지 주의 깊게 관찰하라. 어수선한 방이나 더러운 접시를 본다면, 방을 정리하거나 접시를 치우려 할 것이다. 초심자의 마음으로 바라보자. 가치를 매기거나 꼬리표를 달려고 하지 말고 가만히 바라보라. 눈에 보이는 그대로 묘사해보자. 싱크대에 접시가 3개 놓여있는데, 빵 부스러기와 케첩이 묻어 있고, 접시 가장자리에 파란색 무늬가 있다고 읊조리는 것이다.

4단계: 거울을 바라보거나 사진을 보며 초심자의 마음으로 나를 살펴보자. 자존감이 낮은 사람이라면 자신을 부정적으로 묘사할 것이다. 코가 너무 크다거나 주름이 자글자글하다며 자신의 결점에 집중한다. 부정적인 편견이 들어간 말 대신, 어떠한 편견도 없는 초심자의 관점으로 자신을 묘사해보자.

초심자의 마음을 지니면 수월하게 자기애를 획득할 수 있다. 마음챙김은 알아서 되지 않는다. 속담에도 있듯이 연습만이 완벽을 만들어낸다.

7

자기 돌봄 익히기

인생은
자전거를 타는 것과
비슷하다.
균형을 잡으려면
계속 움직여야 한다.

- 알베르트 아인슈타인 -

스스로를
책임지기

자기 돌봄을 생각할 때 비행기 승무원이 이륙 전에 하는 말을 상기하기 바란다. 위급 상황에는 내가 먼저 산소마스크를 쓴 뒤에 다른 사람을 도와야 한다.

하지만 부모는 종종 이를 잊고 아이를 먼저 챙긴다. 자연스럽게 자신은 뒤로 떠밀린다. 종국에는 나를 보살필 여유나 에너지가 고갈된다. 직장을 다니는 부모는 특히나 이런 시간을 보충할 여력이 없다. 퇴근하고 나면 내가 아닌 가족을 챙기느라 바쁘기 때문이다.

자기 돌봄이 지나치면 이기적이 된다고 두려워하는 사람도 있다. 하지만 자기 돌봄은 이기적인 행동이 아니다. 다른 사람과 건강한 관계를 맺으려면 나 자신의 몸과 마음, 영혼이 건강해야 한다. 자신을 잘 돌봐야 다른 이들도 돌볼 수 있다. 역부족인 상황에 몰려서 스트레스를 받는 부모가 너무 많다. 상황이 그렇다보니 정작 소중한 사람들과 현재에 집중할 여력이 없다.

누군가를 돌보건, 누군가 당신을 돌보건, 감정의 원기를 회복하고 자신을 돌볼 수 있어야 한다. 배터리 수명이 다하면 갈아 끼워야 하는 것처럼, 감정의 원기를 회복할 시간이 필요하다. 자신이 가진 것을 너무 내어주면 감정이 소모되고 기운이 다 빠진 것처럼 느껴진다. 이때 번아웃(Burnout) 현상이 발생한다. 번아웃이 심해지면 우울증과 무감각증을 겪는다. 좋은 의도로 시작했을지 몰라도, 번아웃 상태가 되면 남에게 주고 싶은 만큼 줄 수 없게 된다. 내게 없는 것을 무슨 수로 내어주겠는가!

이 장에서는 인생의 균형을 회복하고, 건강한 자기 돌봄 습관을 들이며, 우선순위를 정하고 목표를 달성하려면 어떻게 해야 하는지를 집중적으로 다룬다. 변화를 일으키는 것은 쉽지 않다. 하지만 꼭 180도 바꿀 필요는 없다. 매일매일 작은 변화를 쌓다보면 작은 성공이 찾아올 것이다.

나와 내 인생을 돌볼 때가 되었다. 인생은 한 번뿐이다. 자기 돌봄을 진지하게 받아들이지 않는다면, 어떻게 자존감을 키우겠는가?

Tip31. 나를 우선순위에 올려놓기

"나를 먼저 사랑해야 한다. 그래야 모든 것이 제 자리를 찾는다. 무슨 일을 해내고 싶다면 진심으로 자신부터 사랑해야 한다."

– 루실 볼(*Lucille Ball*)

크게 말해보자. "나는 중요한 존재다." 다시 한 번 반복하라. "나는 중요한 존재다." 해야 할 일은 산더미지만 시간은 없다. 바쁜 삶을 살다 보면 정작 내게 꼭 필요한 것은 소홀히 하고 나는 우선순위에서 밀려난다. 전혀 중요하지 않은 존재인 양 나를 대하게 된다. 모든 일을 제때 해내려고 고군분투하며 멀티태스킹하다 보면, 나는 낭떠러지로 밀려나 있기 쉽다.

나를 돌보는 일을 우선시하는가? 예를 들어 정기적으로 건강검진을 받고, 주기적으로 스케일링을 하고 안과에서 눈 검사를 받는가? 다른 사람의 요구를 들어주기 위해 자신의 요구를 뒷전으로 미루다 보면 내 몸 상태는 미처 챙기지 못한다.

나를 돌봐야 자존감이 생긴다. 스스로가 챙길 만한 가치가 있다고 생각하면 자신의 건강을 우선순위 맨 앞에 놓을 것이다. 그럴 만한 가치가 없다고 생각한다면 그런 믿음은 쓰레기통에 버리고 내 말을 듣는 게 현명하다. 자기 돌봄은 과중한 업무가 아니라, 반드시 해야 할 일 중 하나다. 자기 돌봄은 자기 의심에서 자유로워지도록 인도해준다. 나를 돌보지 않으면 장기적으로 어떤 일도 되지 않는다. 내가 장담한다.

당신은 어떤 편에 속하는가? 모든 일을 마치고 나서야 나에게 신경을 쏟을 수 있다고 생각하는가, 아니면 나를 우선순위에 두는가? "나는 중요하다"라고 진심으로 말하려면 무엇을 포기해야 하는가?

시도해보기

다음을 활용해서 나를 우선순위에 올려놓을 시간을 내보자.

1단계: 스스로를 돌보기 위해 필요한 목표를 세워본다. 규칙적으로 운동할 시간, 생각하고 느낀 것들을 탐색할 일기 쓰는 시간, 내게 도움이 되는 책을 읽을 시간을 빼는 것 등이다.

2단계: 각각의 항목에 대해, 그 목적을 이루기 위해 할 수 있는 행동을 적어본다. 예를 들어 매일, 혹은 매주의 목표를 구체적으로 적는 것이다. 우선순위에서 밀려나지 않도록 일과에 포함시킨다. 실패하지 않도록 작은 목표부터 시작한다.

3단계: 정해놓은 목표를 달성하기 위해 비용-편익 분석(Cost-Benefit Analysis)을 해보자. 바람직한 결정을 내리기 위해 각 대안에 대해 상대적인 강점과 약점을 평가하는 것이다. 일기장에 쓰거나 워드 프로그램을 사용할 수 있다. 페이지의 한편에는 특정 활동이나 선택에 드는 비용을 적고, 다른 쪽에는 거기서 얻는 이익을 적는다. 운동을 더 한다고 결심했으면, 퇴근 후 텔레비전을 볼 시간이 줄어드는 것이 비용이 되고, 땀을 흘려서 기분이 좋아지는 것이 이익이 된다. 비용과 이익을 분석해서 어느 쪽이 더 바람직한 결정인지 따져보는 것이다.

나를 우선순위에 올려놓는 것은 내게 최고의 선물을 주는 것이나 다름없다. 이를 통해 자신감을 키울 수 있다. 이제 자신에게 선물을 줄 시간이다.

Tip32. 주도적으로 움직이기

"어떤 사람은 일이 진행되게 하고, 어떤 사람은 일이 진행되는 것을 지켜본다. 어떤 사람은 어떻게 그런 일이 일어났냐며 놀란다. 성공하려면, 일이 진행되게 하는 사람이 되어야 한다."

– 짐 러벨(Jim Lovell, 아폴로 13호 선장)

나를 돌본다는 것은 곧 나와 내 인생을 책임지고, 내 목표를 향해 일을 진행한다는 의미다. 주도적인 사람이 되면 목표를 향해 탄력적으로 움직일 수 있다. 우두커니 앉아 기회가 찾아오기를 기다리는 대신, 내 손으로 기회를 만들어낸다. 내 삶을 만들어가면서 내게 선택권이 있다는 사실을 체감한다.

이와 정반대는 수동적인 사람이다. 수동적인 사람은 다른 사람 탓을 하고, 상황이 다른 사람의 손아귀에 있다고 생각한다. 원하는 것을 얻으려고 스스로 책임지는 대신 마냥 손을 놓고 기다린다.

자존감이 건강한 사람은 주도적인 반면, 자존감이 낮은 사람은 자신이 피해자라고 생각한다. 외부 요소에 휘둘린다고 생각하는 사람은 수동적이다. 주도적인 사람과 수동적인 사람은 자신에게 쓰는 말투가 크게 다르다. 주도적인 사람을 승리자의 언어를 사용하지만, 수동적인 사람은 피해자의 언어를 사용한다.

수동적인 피해자의 말투	주도적인 승리자의 말투
타인을 탓함	스스로 책임을 짐
"난 할 수 없어."	"난 할 수 있어."
"그래야만 해."	"그걸 할 거야."
"어쩔 수 없어."	"그렇게 하겠다고 선택했어."
"만약 그랬다면……."	"그걸 하기만 하면……."
"그가 나를 울렸어."	"그가 그렇게 말했을 때 나는 울었어."
"더 좋은 직업을 가졌어야 했는데."	"내 직업에 좀 더 만족하는 방법을 배우거나, 다른 직업을 찾아볼 거야."

　스스로에게 하는 말을 피해자 언어에서 승리자 언어로 바꾸자. "할 수 없어"를 "할 수 있어"로, "그래야만 해"를 "그걸 할 거야"로 바꿀 수 있다.

　당신은 어떠한가? 주도적인가, 수동적인가? 일이 이루어지게 하는 사람인가, 원하는 일이 저절로 일어나기를 기다리는 사람인가? 이제 내 삶의 주도권을 되찾을 때다. 당신은 어떠한가?

주도적으로 생각하면 내 인생을 책임질 수 있다. 더는 주어진 환경 때문에 피해자가 되지 않아도 된다. 연습과 학습으로 태도를 바꿀 수 있다.

1단계: 어떤 것이 피해자의 혼잣말이고 어떤 것이 승리자의 혼잣말인지 구분해놓은 목록을 다시 읽어보자. 당신은 어느 쪽에 가까운가? 당신의 눈앞에 놓인 두 가지 선택지를 고려해보자. 무엇인가 잘못되면 다른 사람을 탓하는 편인가, 아니면 자신의 선택에 책임을 지는 편인가?

2단계: 수동적인 혼잣말을 주도적인 혼잣말로 바꿔보자. 어떤 사고방식이 더 긍정적이고, 해결에 집중한다고 생각하는가?

3단계: 살면서 겪어온 어려움을 떠올리고, 어려울 때 스스로에게 어떻게 말해왔는지 떠올려보자. 피해자의 정신 상태로 자신을 더 궁지에 몰아넣었는가? 앞의 표를 사용해서 어려운 상황들을 정리해보자. 우선 피해자의 혼잣말로 상황을 정리한 다음, 이를 승리자의 혼잣말로 바꿔보는 것이다. 예를 들어 "내 배우자가 좀 더 섬세

했다면"은 "내 배우자가 섬세하지 않다면 어느 선을 넘지 않도록 강해져야 할 거야"로 바꿀 수 있다. '했더라면', '한다면'은 수동적인 말투지만, '할 거야'는 주도적인 말투라는 것을 주목하자. '할거야'라는 말에는 주도적으로 움직이겠다는 의지가 들어 있다. 반면 피해자의 말투는 다른 사람이 달라질 때까지 기다리겠다는 의지를 담고 있다. 내가 무엇을 할 수 있는지에 집중하는 어조는 바람직한 승리자의 혼잣말이다.

주도적인 사람이 되면 강인한 사람이 되고, 인생의 주도권도 잡을 수 있다. 이건 정말 중요하다. 다른 사람이 당신 인생의 주도권을 가져가서는 안 된다. 당신이 피해자가 아닌 승리자가 되도록 해야 한다.

Tip33. 몸과 마음의 균형 잡기

"건강과 웰빙은 몸과 정신의 자연스러운 상태를 지칭하는 것이다."

– 디팩 초프라(Deepak Chopra)

우리는 마음과 몸이 별개인 것처럼 말하지만, 사실 마음과 몸은 동전의 양면과도 같다. 그저 다른 관점으로 사물을 바라본다고 자존감이 개선되지 않는다. 구체적인 행동을 취해야 한다.

자신의 몸을 돌보면, 마음도 그 혜택을 누린다. 그리고 자신을 긍정적으로 보게 된다. 많은 연구 결과에 따르면, 운동할 때 엔도르핀이나 코르티솔 같은 화학 물질이 분비되어 기분이 좋아진다. 몸과 마음은 긴밀하게 연결되어 있으며, 함께 움직여 기분과 생각을 만들어낸다. 여전히 마음과 몸의 연결이 얼마나 중요한 것인지 모르겠다면, 구역질이 날 만큼 거북한 무언가를 목격했을 때 몸에 어떤 반응이 일어나는지 생각해보라.

자존감이 낮은 사람은 회의 석상에서 말하는 상상만 해도 머리가 지끈거리고 심장이 요동치며 식은땀이 나고 속이 울렁거린다. 그 자리에 사람이 없어도 상황은 달라지지 않는다. 그렇다면 몸과 마음의 연결은 나쁜 것일까? 긍정적인 상황도 있다. 좋아하는 사람을 보는 순간, 사랑에 빠질 때, 자식이나 손주를 처음 품에 안았을 때 요동치는 심장을 생각해보라. 마음과 몸이 긴밀하게 연결되어 있다는 사실을 감사하게 여겨야 한다. 그래야 자신의 모습을 편하게 받아들일 수 있다.

몸과 마음의 건강을 우선순위로 두고 시간을 투자하면, 자존감이 강해질 것이다.

시도해보기

마음은 물론 몸의 상태를 개선하려고 노력하다 보면, 몸과 마음이 얼마나 밀접하게 연결되어 있는지, 이 둘이 어떻게 같이 성장하고 치유되는지 깨닫게 된다.

1단계: 자신에게 질문을 던져보자.

- 내 몸과 마음의 연결 상태가 나아지려면 어떤 목표를 세워야 할까?
- 내 몸을 먼저 챙기고 있는가?
- 너무 바빠서 운동을 하거나 식이 관리를 하기 힘든가?

- 과식이나 과음을 하지 않는가? 아니면 다른 것에 과하게 의존하지 않는가? 몸을 움직이고 스트레칭하는가? 명상이나 운동을 뒤로 미루지는 않는가?

2단계: 나를 돌볼 시간을 만들려면, 내 삶의 우선순위를 변경해야 한다. 몸과 마음이 나아지도록 몇 개의 목표를 세우고, 이 목표를 달성하면 어떤 영향이 있을지도 적어보자.

3단계: '운동을 해야 해'라고 모호하게 쓰지 말고, 구체적으로 목표를 설정한 뒤 이를 단계별로 세분화한다. 진도 점검용 일지를 기록하는 것이 도움이 된다. 목표별로 한 페이지짜리 일지를 만들고 계획한 활동을 완수했을 때마다 완료 표시를 한다. 지정한 기간이 끝났을 때 목표를 완수했다면 스스로에게 상을 준다. 눈여겨봤던 옷을 사거나 보고 싶었던 영화를 보러 가는 것도 상이 된다. 다음은 2주일짜리 행동 일지 사례다.

몸과 마음 행동 일지
목표 : 일주일에 3번 이상 운동하기
수행 방법: 걷기, 수영, PT 받기
완수 목표: 2주 동안 6개 이상 완료
상 =

	1주	2주
월요일		
화요일	☺	☺
수요일		☺
목요일	☺	
금요일		☺
토요일	☺	
일요일	☺	☺

이렇게 도표를 만들고 목표를 완수하면 스스로에게 상을 주자.
당신은 보상을 받을 자격이 있다.

Tip34. 인생의 균형 잡기

"인생은 자전거를 타는 것과 비슷하다. 균형을 잡으려면 계속 움직여야 한다."

– 알베르트 아인슈타인

  당신을 움직이게 하는 힘은 무엇인가? 어떤 것에 자극받는가? 당신이 중시하는 가치와 목표는 무엇인가? 인생에 진정한 의미를 주는 것이라 믿으며 당신이 헌신하는 것은 무엇인가? 일상을 살아가다 보면 이런 질문은 종종 뒤로 밀려난다. 일하고, 학교에 가고, 식사를 챙기고, 반려동물과 아이들을 보살피고, 살아가면서 기본적으로 충족되어야 하는 욕구를 채우느라 분주한 것이다. 하지만 이런 가치와 헌신이야말로 매일매일의 일상을 뜻깊게 연결해주는 접착제다. 자신을 돌본다는 것은 내가 내린 선택과 가치가 일치하도록 주의를 기울인다는 뜻도 된다.

  원그래프는 자신의 돌봄 욕구, 목표, 가치를 시각화하는 데 적합하다. 이를 활용해서 현재 삶을 살아가는 방식이 내가 선택한 결정과 맞아떨어지는지 살펴보자. 원그래프를 활용한 시각화는 비즈니스에 도움이 되는 것 못지않게 나를 돌보거나 심리 치료에도 유용하다. 자신의 가치와 목표를 분명히 파악하고 자신이 어떤 삶을 원하는지 가늠하는데 큰 도움이 된다.

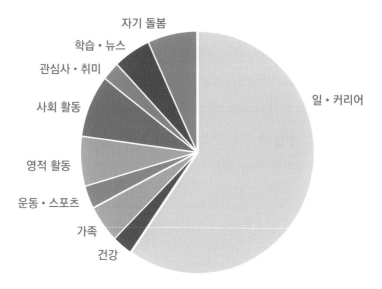

실제 삶

- 자기 돌봄
- 학습 · 뉴스
- 관심사 · 취미
- 사회 활동
- 영적 활동
- 운동 · 스포츠
- 가족
- 건강
- 일 · 커리어

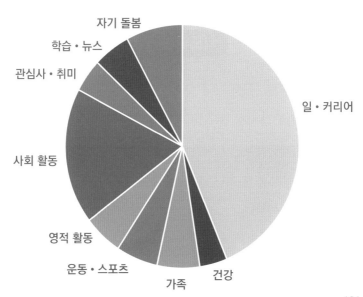

이상적인 삶

- 자기 돌봄
- 학습 · 뉴스
- 관심사 · 취미
- 사회 활동
- 영적 활동
- 운동 · 스포츠
- 가족
- 건강
- 일 · 커리어

앞의 원그래프 2개는 사업을 시작한 지 4년 된 존의 삶을 보여준다. 보다시피, 존의 실제 인생은 엉망이다. 사업에 온 시간과 에너지를 쏟다 보니, 나머지 삶의 영역 즉, 운동이나 친구 관계나 취미 등으로 긴장을 푸는 것은 내버려두고 있다. 사업 외에 다른 것에는 거의 시간을 쓰지 않고 있다. 친구들과 동떨어져 있고, 연인과의 데이트도 띄엄띄엄할 뿐이다. 그의 실제 삶과 이상적인 삶의 원그래프가 얼마나 다른지 주목하라.

당신의 삶은 어떤 상태인가? 실제 삶이 당신이 원하는 이상적인 삶의 상태와 비슷한가? 아니면 시간을 보내는 방식을 재정립해야 하는가?

──────────── 시도해보기 ────────────

우리는 삶의 균형을 찾으려고 끊임없이 요소들을 조정한다. 내 일상을 시각화해보면 우선순위를 조정해 현재의 삶을 이상적인 모습으로 변화시킬 수 있다. 어떤 부분을 변화시켜야 하는지 명확히 보이기 때문이다.

1단계: 실제 삶과 이상적인 삶을 비교해보자. 시간을 쓰는 분야를 모두 적어본다. 아래 표는 존이 실제 생활에서 어떤 분야에 시간을 쓰고 있는지 보여준다. 이를 참고하되, 자신만의 카테고리가 있다면 추가하면 된다.

존의 실제 삶의 균형	
일 · 커리어	65%
건강	2%
가족	5%
운동 · 스포츠	2%
영적 활동	5%
사회 활동	8%
관심사 · 취미	2%
학습 · 뉴스	5%
자기 돌봄	6%
총계	100%

두 개의 목록을 만든다. 하나는 '실제 삶의 균형'이고 다른 하나는 '이상적인 삶의 균형'이다. 실제 삶과 이상적인 삶에 대해 분야별로 퍼센트를 기재한다. 둘 다 총합은 100퍼센트가 되어야 한다.

2단계: 이를 이용해서 컴퓨터로 차트를 그려본다. 원그래프가 아니어도 무방하다. 이를 통해 실제와 이상이 어떻게 다른지 명확하게 비교해볼 수 있다. 이상과 실제 삶이 크게 다른가? 깨어 있는 동안 무엇을 더 하고 싶고, 어떤 활동에 쓰는 시간을 줄이고 싶은가? 이렇게 분석하면 우선순위를 세우는 데 도움이 된다.

3단계: 뚜렷하게 보이지 않는 목표를 명확하게 하고, 우선순위를 설정하기 위해 다른 분야에도 이 원그래프를 활용할 수 있다. 예를 들어 나에게 중요한 가치를 명확하게 파악하는 데도 도움이 된다. 이때 항목은 '남에게 더 친절하기', '명상', '요가', '자기 회복', '공동체에 더 많이 참여하기' 등이 된다.

인생의 주도권을 찾아서 나 자신과 인생을 더 사랑할 때다.

Tip35. 변화를 가져오는 작은 습관

"우리의 인생을 형성하는 것은 가끔 하는 일이 아니다. 오랜 시간에 걸쳐 꾸준하게 하는 것이 인생을 결정짓는다."

– 앤서니 로빈스(Anthony Robbins)

건강한 생활 습관을 만들고, 몸매를 멋지게 가꾸고, 집을 정리하고, 묵혀놓은 집안일을 해치우고, 질질 끌었던 일을 마무리 짓고 싶은가? 해야 할 일, 밀린 프로젝트, 코앞에 닥친 시험에 쩔쩔매고 있는가? 아니면 무엇인가를 시작하겠다는 마음조차 먹기 어려운가?

목표가 얼마나 중요하다고 해도, 인생은 원하는 대로 흘러가지 않는다. 할 일은 많은데 시간이 없다면 원하는 바를 달성하기 어렵다. 자판을 두들기기만 하면 모든 정보를 얻을 수 있는 요즘, 더 많은 정보를 갖고 선택을 내린다고 생각하기 쉽다. 인터넷에서 조금만 검색하면 음식의 영양 정보를 쉽게 찾을 수 있고 유튜브에는 DIY(Do It Yourself) 비디오가 넘쳐난다. 스마트폰 앱을 사용하면 생산성을 높일 수 있다. 매일 얼마나 걸었는지도 쉽게 볼 수 있다. 하지만 모든 일이 그렇듯, 단점도 존재한다. 테크놀로지는 사람의 관심을 끌어들이는 강력한 존재여서, 하루에도 몇 번씩 이메일을 확인하고, 인터넷 서핑을 하고, 온라인 게임을 하다 보면 시간이 쏜살같이 지나간다.

하루하루의 삶이 분주한데다가 집중을 흩트리는 것도 많다. 이런 상태에서 동기부여를 받아 목표에 집중하고, 생산적으로 움직이고, 꾸물거리지 않고, 가능성을 최대한 끌어내기란 쉽지 않다. 이럴 때 작은 습관들이 도움이 된다.

스티븐 기즈(Stephen Guise)는 '실패하기에는 너무 소소한' 작은 습관들을 만들어서 손쉽게 인생을 변화시킬 수 있다고 제안한다. 기즈에 따르면 '말도 안 될 만큼 소소한' 목표를 세우면, 행동 패턴을 바꿀 수 있다. 그는 자신의 사례를 보여준다. 피트니스 회사를 차리고 싶었던 기즈는 '팔굽혀펴기 1개 도전'이라는 목표를 세웠다. 아무리 마음이 내키지 않더라도 매일 1개씩 팔굽혀펴기를 하기로 한 것이다. 그 이상은 '보너스'다. 이렇게 소소한 일을 시작하고 점점 목표가 높아지면 변화가 일어난다.

목표를 향해 작은 습관을 만들 준비가 되었는가? 당신이 바라는 인생, 당신에게 합당한 인생을 위해 항해할 마음이 드는가?

작은 목표를 세워서 스스로에게 동기를 부여해보자. 작은 목표가 가져오는 변화는 인생을 통제할 힘을 부여해줄 것이다.

1단계: 책 쓰기, 체중 감량, 영양 잡힌 식사, 옷장 정리, 창고 청소, 친구 만들기, 시험 준비, 프로젝트 완수 등 미처 시작하지 못한 목표를 3개 이상 써보자.

2단계: 각각의 목표마다 바로 시작할 수 있는 소소한 습관을 하나 이상 적어보자. 기즈는 새로운 책을 쓰기 위해 매일 50단어를 쓰겠다는 목표를 세웠다. 나중에는 그보다 훨씬 많이 쓰게 되었지만, 50단어라는 쉽게 달성할 수 있는 목표를 세운 덕에 동기부여가 쉬워졌고, 자신의 프로젝트에 시간을 할애할 수 있었다. 이런 소소한 습관은 구체적인 수치로 목표를 세워야 한다.

- 각각의 습관을 하루 중 언제 시행할지 적는다.
- 일주일에 몇 번 습관을 시행할 것인지 적는다.
- 언제까지 이 습관을 정기적으로 진행할 것인지 정해둔다.

소소한 습관으로 첫발자국을 떼었지만, 언제나 '보너스'를 더할 수 있다는 점을 명심해라. 정해놓은 목적만 달성하고 멈춰야 하는 것은 아니다. 선택권은 나에게 있다.

3단계: 소소한 습관을 검토할 시간을 정한다. 예를 들어 매일 감사한 일을 한 가지씩 쓰기로 마음을 먹었다고 치자. 한 달이 지나면 그동안 기록한 것을 살펴보고, 소소한 습관으로 원하던 바를 달성했는지 살펴보자. 달성했다면 그 습관을 계속한다. 좀 더 많은 것을 이루고 싶다면 목표를 늘린다.

4단계: 목표한 습관을 달성할 때마다 스스로에게 작은 상을 주자. '좋아, 계속하자!'라고 북돋는 것만으로도 기운이 난다. 스스로를 껴안아 주는 것도 좋다. 이런 소소한 행동과 자신에게 보이는 친절함은 오래 남는다.

소소한 습관을 들이면 인생에 중요한 변화가 생겨난다. 당신은 그럴 만한 자격이 있는 사람이다.

나의 작은 목표

8

자기주장 키우기

분노로
시작한 일은
수치로 끝나기
마련이다.

- 벤저민 프랭클린 -

목소리를 내고
선을 긋기

견고한 지지 네트워크는 행복과 건강한 삶의 가장 확실한 증거다. 강력한 지지 네트워크는 저절로 생겨나지 않는다. 강력한 지지 시스템을 능수능란하게 구축하는 사람은 주위 사람들을 끌어들이는 커뮤니케이션 능력이 있다. 커뮤니케이션 능력이 떨어지거나, 자기 의심으로 가득 차 스스로를 보호하려고 다른 사람들과 거리를 두는 사람은 네트워크를 바람직하게 형성하지 못한다.

자존감이 낮다면, 거절당할까 봐 무서워서 사람들을 밀어내기도 한다. 그 결과 더욱 고립되고 외로워진다. 사회 불안 장애(불안 장애 중 하나로, 사회 불안이 있는 사람은 다른 사람들과 상호작용하는 사회적인 상황을 두려워하고 이를 회피하는 경향이 있다.-역자 주)가 있거나 지나치게 심각한 사람은 다른 사람과 가까워지거나 관계를 맺는 것이 쉽지 않다. 그래서 사람들과 계속 거리를 둔다. 이런 과보호 증세 뒤에는 사람들을 밀쳐내는 바람직하지 않은 행동과 비이성적인 믿음이 있다. 자신을 보호하려는 행동이 오히려 역효과를 일으키면서 절망을 불러온다. 외로움이 배가된다.

적절한 커뮤니케이션 요령을 익히면 자존감을 향상하고 다른 사람들과 이어지는 능력도 향상된다. 누구나 커뮤니케이션을 하며 살아간다. 그만큼 기본적이고 필요하지만, 그 누구도 바람직한 커뮤니케이션 요령에 대한 가이드라인을 배운 적이 없다. 학교에서 수학, 과학, 문법을 가르치는 것처럼 커뮤니케이션도 가르쳐야 한다.

커뮤니케이션은 크게 적극적인 방식, 애매한 방식, 공격적인 방식으로 나눌 수 있다. 이를 구분하게 되면 효과적으로 커뮤니케이션할 수 있다. 각 유형에 대한 가이드라인을 익히면 새로운 세상이 보인다.

롤플레잉은 자신의 주장을 내세우는 요령을 익히는 데 큰 도움이 된다. 내가 고객들과 상담하면서 얻은 교훈이다. 혼자 거울 앞에서도 할 수 있고 믿을 만한 친구, 가족, 상담사 앞에서도 할 수 있다. 이 장에서는 바람직한 커뮤니케이션을 위해 반드시 알아야 할 사항을 집중해서 다룬다.

Tip36. 자기주장하는 요령 익히기

"적극적인 행동은 나에 대해 긍정적으로 확신한다는 뜻이며,
나와 연결된 다른 이들 역시 소중히 한다는 증거다."
　　- 로버트 앨버티(Robert Alberti), 마이클 에몬스(Michael Emmons)

대규모 팀 미팅에 동료 3명이 참석했다고 상상해보자. 오늘 아침에 만난 까다로운 고객에 대한 말이 오고 갔다. 동료 A가 "그는 그저 싸우고 싶은 거야! 망할 놈! 그렇게 말해선 안 되지!"라고 했다. 동료 B가 말을 이어받았다. "그렇게 무례하게 행동하다니, 기분이 좋지 않았어. 고객이 무례하게 행동할 때 어느 선까지 허용할지 정할 필요가 있어." 동료 C는 고개를 끄덕이기는 했지만, 아무런 제안도 하지 않았다. 잘못 말을 꺼냈다가 멍청해 보일까 두려웠기 때문이다.

3개의 각기 다른 유형은 커뮤니케이션의 주요 유형을 보여준다. 동료 A는 공격적인 커뮤니케이션을 보여주고, 동료 B는 적극적인 커뮤니케이션을 구사했으며 동료 C는 애매한 커뮤니케이션 방식을 보여줬다. 바람직한 관계를 형성하려면 이런 커뮤니케이션의 차이를 이해해야 한다. 공격적이거나 애매한 커뮤니케이션은 낮은 자존감과 연결된다. 반면 적극적인 커뮤니케이션은 자신감과 자신에 대한 긍정적인 시각을 반영한다.

자기주장을 두려워하지 않는다면, 자존감을 키우는 것이 얼마나 쉬워질지 생각해보라. 이제 자신의 목소리를 되찾을 때다.

시도해보기

3가지 커뮤니케이션 유형을 이해하고 나면, 자신은 물론 다른 사람의 커뮤니케이션 스타일을 파악할 수 있다. 자기 목소리를 내는 사람이 되기 위한 첫 번째 관문이다.

1단계: 스트레스를 받거나 갈등이 일어났을 때, 내가 어떻게 말하고 행동했는지 적어보자. 커뮤니케이션 유형별로 한 가지씩 예를 들어야 한다. 각각의 유형별로 구체적인 문장을 하나씩 적도록 하자.

2단계: 애매하거나 공격적인 발언을 적극적인 발언으로 바꿔보자. 다음 사례를 참고하자. 적극적인 발언은 대개 '나'로 시작한다는 것을 주의하자. 애매한 발언은 "상관없어"라고 말하는 것이다. 실제로는 상관이 있어도 말이다. 감정을 숨기지 않고 솔직하고 직접적으로 말하겠다고 마음먹어야 한다. 그러려면 다른 사람이 어떻게 생각할지 걱정하는 대신, 내가 어떻게 느끼고 무슨 생각을 하는지 알아야 한다.

'너'로 시작하는 발언	'나'로 시작하는 발언
"그는 나를 미치게 해!"	"나는 그가 무례하게 굴면 미칠 듯 화가 나."
"넌 내 말을 듣고 있지 않잖아!"	"내가 제대로 의도를 전달하지 못한 것 같아."
"넌 나한테 그렇게 말하면 안 되지."	"나는 네가 그렇게 말할 때 존중받지 않는다고 느껴."
"너 나한테 두 번 다시 그렇게 말하지 마!"	"나는 네가 그렇게 말하지 않았으면 좋겠어. 상처가 되거든."

3단계: 일상생활에서 어떻게 대화하는지 주의 깊게 살펴보자. '나'로 시작하는 발언과 '너'로 시작하는 발언을 구분하고, 애매하거나 공격적인 커뮤니케이션을 적극적인 커뮤니케이션으로 바꾸려고 노력하자. 솔직하고 요령 있게 직접적으로 말해야 한다. 이것이 적극적인 커뮤니케이션의 핵심이다. 자신은 물론 다른 사람이 3가지 커뮤니케이션 방식 중 어떤 방식을 구사하는지 파악하고 나면, 건강한 관계를 형성하는 데 걸림돌이 되는 커뮤니케이션을 없앨 수 있다.

'나'로 시작하는 적극적인 발언을 하면 자신감이 샘솟고, 다른 이들과 한층 가까워지며, 원하는 방식으로 살 수 있다.

Tip37. 분노 다스리기

"분노로 시작한 일은 수치로 끝나기 마련이다."

            – 벤저민 프랭클린(Benjamin Franklin)

공정하지 않은 부당한 일에 반응하면 분노가 표출된다. 문제는 분노가 우리를 덮쳐버리는 경우가 너무 많다는 것이다. 사람이라면 화가 나기 마련이다. 분노는 공정하지 않거나, 부당한 대접을 받았을 때 나타나는 자연스럽고 중요한 감정이다. 하지만 분노가 공격적인 행동을 정당화해주지 않는다.

내가 옳았다는 것을 증명하려고 다른 이와 논쟁을 벌이고는, "내 의견을 말했을 뿐이야"라며 정당화한 경험이 있는가? 자신의 의견을 말하는 것이 논쟁의 정의이기는 하다. 하지만 다른 사람의 마음을 바꾸고 싶었다면, 알아차리지 못했다 해도 당신이 공격적이었다는 것을 알아야 한다. 이와는 반대로, 적극적인 목표는 다른 사람을 바꾸려는 것이 아니라 하고 싶은 말을 해서 나를 표현하는 것이다. 상대방은 마음을 돌리려 한다고 해석하더라도 말이다. 사실 현실을 바꿀 수 있어도 사람의 인식을 바꿀 수는 없다.

자존감이 낮은 사람은 자신감이 부족해 자기 의견을 말하지 못하고 누가 화를 내거나 동요하지 않을지 두려워한다. 낮은 자존감은 통제 불가능한 분노를 불러온다. 아무 말도 하지 않으면서 마음속으로는 긴장한다. 어느 순간 이것이 분노로 표출되거나 마음속에 쌓여서 우울증을 불러온다. 격심한 감정을 다스릴 줄 알아야 한다. 그래야 나를 사랑하고 내게 힘을 부여해줄 수 있다.

'위험(Danger)'에서 D 하나만 빠지면 '분노(Anger)'가 된다. 그만큼 분노는 위험과 가깝다. 분노를 표출할 때 주의를 기울여야 한다. 분노에 휩쓸리지 말아야 한다.

시도해보기

격심한 감정을 다루는 요령을 알면, 분노와 같은 강렬한 감정에 휩쓸리더라도 자신을 달래고 진정시킬 수 있다.

1단계: 다음 질문에 대해 고민해본다. 답을 쓴 다음, 필요할 때마다 꺼내서 본다.

- 마음속에 분노를 담아놓지 않고, 적극적으로 자신을 표현하고 싶다면, 어떻게 자신감을 향상시켜야 할까?
- 나는 분노를 적극적으로 표현하는가? 아니면 감정에 휩싸여서 공격적으로 표출하는가?

- 분노가 적극적으로 표출할 수 있는 자연스러운 감정이라는 사실을 인정하는가? 아니면 분노를 억누르는가?
- 어떤 사람에게 화가 났다면, 친절하려고 고군분투하는가 아니면 공정해지려고 노력하는가?

2단계: 분노가 절정에 달했을 때 다음 문장들을 사용해서 자신을 진정시켜보자.

- 내 분노를 다스릴 사람은 나뿐이다.
- 그 사람이 나를 미치게 만드는 것은 아니야. 나를 비판할 때마다 미칠 듯 화가 나는 거지.
- 나 자신을 통제할 수 없다면, 다른 사람 역시 통제하지 않는 게 좋아.
- 화가 날 수 있어. 하지만 그렇다고 공격적으로 행동할 권리가 생기는 것은 아니야. 화는 감정이지만, 공격적인 언행은 행동이야. 완전히 다른 거지.

3단계: '안정 도구 상자'를 만들어서 분노를 다스리는 데 활용해보자. 마음챙김 도구 상자(26번째 팁)와 2단계에서 만든 문장들도 여기에 들어갈 수 있다. 아래 문장들은 분노를 한풀 꺾는 데 도움이 된다.

- 감정을 적어놓을 수 있는 작은 공책
- '가벼워지자'라는 마음을 갖게 해주는 비눗방울 놀이
- 크레용이나 색연필 같이 흑백논리에 매달리는 대신 생각에 색을 입힐 수 있는 은유적인 도구
- 마음을 면밀히 살펴보고 도움이 되지 않는 생각을 찾아내라는 의미의 작은 돋보기
- 분노가 극에 달했을 때 행동하지 않도록 도와주는 장난감 '멈춤' 교통표지
- 적극적이고 자신 있게 자신을 표현했을 때 사용하는 녹색등

분노가 당신을 뒤덮기 전에 분노를 통제해야 한다. 그래야 강해질 수 있고 자존감을 키울 수 있다.

Tip38. 적극적 청취 요령

"효율적으로 커뮤니케이션하는 요령을 익히면 인생과 대인 관계가 완전히 달라진다."

– 토마스 고든(Thomas Gordon)

별 차이가 없어 보일지도 모르지만, 그냥 듣는 것(Hearing)과 청취하는 것(Listening)의 차이가 커뮤니케이션 레벨을 결정한다. 청취하는 요령을 배운 사람은 주변 사람들에게 소중한 선물을 주는 셈이다. 그들을 존중하고 인정한다고 말하는 것과 같기 때문이다. 청취하는 요령을 익히면 인간관계가 원만해질 수밖에 없다.

단순 듣기와 청취에는 어떤 차이가 있을까? 토마스 고든은 1997년 '적극적 청취'라는 말을 사용해서 단순 듣기와 청취를 구분했다. 단순 듣기는 말 속에 어떤 메시지가 숨어 있는지 고민하지 않고 들리는 소리를 수동적으로 받아들이는 것이다. 청취하려면 듣는 이의 노력과 집중이 필요하다.

여기에서 한 발자국 더 나아간 것이 적극적 청취. 상대방의 말에 고작해야 "아, 그렇죠"라고 적당히 추임새를 넣는 것으로 끝나지 않고, 상대방의 말에 동의하고 말뜻을 분명히 확인하는 것이다. 말하는 사람에게 새로운 단어를 제시해주거나 방금 들은 것을 다시 말해주면서 상대의 말을 인정하고 받아들이는 것이 적극적 청취다. 적극적 청취를 하는 사람은 상대의 잘못을 지적하지 않고 그 사람의 말 이면에 놓인 감정을 염두에 둔다.

단순 듣기와 적극적 청취를 구분할 수 있게 되면 커뮤니케이션이 개선되고 적극적으로 목소리를 낼 수 있게 된다.

단순 듣기	적극적 청취
수동적	다른 말로 바꾸어 표현하기, 요약하기, 해석하기
들리는 것에 집중	이해에 집중
판단을 내리려고 함	공감을 보이고 다른 이를 받아들임
무엇을 이야기하는가?	누구와 이야기하는가?
들리는 소리를 수동적으로 받아들임	추가 행동을 취함
옳고 그름을 판단하려고 함	다른 사람을 인정함
"사실 그대로 말해"라며 요구함	되씹어 생각하며 피드백을 제공함
협박적임, 설득, 명령	받아들임, 참을성, 유연함
분쟁과 갈등으로 이어짐	서로를 지지하며 긍정적인 관계로 이어짐

당신은 어떠한가? 적극적으로 청취하는 사람인가, 아니면 수동적으로 듣는 편인가? 자의식이 너무 강해서 내면의 목소리를 듣느라다른 이의 목소리를 듣지 못하는가? 자신을 의심하는 데 너무 많은시간을 허비하지는 않는가?

시도해보기

청취하는 요령을 알면 다른 사람은 물론 자기 자신과도 더 깊은관계를 맺을 수 있다.

1단계: 단순 듣기와 적극적 청취를 구분한 표를 보고, 나의 커뮤니케이션은 어떤 스타일인지 생각해보자. 청취하는 편인가, 그저 들리는 대로 소리를 듣는 편인가? 두 가지를 구분하기가 쉽지 않다면, 다음과 같은 방식으로 구분해보자. 어떤 사람과 논쟁을 벌이고있다면, 단순히 들을 뿐 청취하지 않을 가능성이 크다. 상대가 말하고 있는데 조용히 앉아서 피드백을 주지도 않고 정확하게 이해한것인지 되묻지 않는다면 단순히 듣고 있는 것이다.

2단계: 청취가 아닌 단순 듣기를 하면서 내가 했던 말을 생각하고 적어내려 보자. 생각을 좀 더 집어넣고, 상대방을 인정하려면 말을 어떻게 바꿔야 할까? 예를 들어 소중한 사람에게 "극복해야지!"라고 말했다면, 별 뜻 없는 이 말을 "정말 힘들겠구나! 마음이 정말 상할 거야"로 바꿀 수 있다.

3단계: 나를 있는 그대로 받아들이고 섣불리 판단하려 들지 않으면, 다른 사람도 있는 그대로 받아들이게 된다. 스스로에게 '옳은 것이 중요한가, 사려 깊은 사람이 되는 것이 중요한가?'라고 질문해보자.

옳은 것보다 사려 깊은 것이 중요하다! 이 말은 틀릴 수가 없다. 그리고 항상 옳은 말이다.

Tip39. 비난 대신 존중하는 커뮤니케이션

"자신을 존중하라, 다른 이도 당신을 존중할 것이다."
— 공자(孔子)

데니스는 동료들과 이야기할 때 유별난 방식으로 농담을 한다. 자신의 특이한 성격을 집어내서 그것이 웃음거리라도 되는 양 웃어젖히는 것이다. 데니스는 관심을 받고 싶어 했고, 다른 사람이 관심을 기울여주는 것을 좋아했다. 그는 사람들이 웃는 것이 자신을 좋아한다는 신호라고 생각했다. 스스로를 웃음거리로 삼으면서, 이를 통해 인기를 얻고 경계를 풀 수 있다고 생각한 것이다.

하지만 자신을 깎아내리고 빈정대는 농담은 공격성을 내포하고 있으며, 스스로를 하찮게 만든다. 나에 대해 빈정대든 남에 대해 빈정거리든, 빈정거리는 것은 사실 농담을 가장한 공격이다. 하나도 재미없다! 자존감이 낮은 사람은 자신이 부적절하다고 생각한다. 그래서 타인의 거절과 부정에 쉽게 상처를 입으면서도 너무 쉽게 자신을 깎아내리고 폄하한다. 꼭 주먹싸움을 하는 것과 같다. 내가 먼저 나 자신을 쓰러뜨려서, 다른 사람이 나를 쓰러뜨리지 못하도록 하겠다는 것이다.

당신은 어떠한가? 스스로를 비난하는 태도로 커뮤니케이션하고 있지 않은가? 그렇다면 존경을 담아 자신을 대할 때가 되었다.

자신을 하대하는 커뮤니케이션을 한다면, 상대도 당신을 낮춰볼 가능성이 높다. 스스로를 특별하다고 생각한다면, 상대방도 동의할 확률이 높다.

1단계: 내가 어떻게 말하는지 생각해보자. 아래의 목록을 참고해 내게도 이런 습관이 있지 않는지 살펴보자. 이런 방식으로 말하며 낮은 자존심을 보이지 않는가?

- 할 말이 있는데도 침묵한다.
- 스스로를 깎아내리는 농담을 한다.
- 눈을 마주치지 못한다.
- 목소리에 자신감이 없다.
- 긴장한 태도를 보인다.
- '미안해'를 남발한다.
- 칭찬을 받아들이기가 어렵다.
- 수줍어한다.
- 구부정하게 서 있거나 눈을 내리까는 등 자신감 없는 보디랭귀지를 한다.

혹시 내가 이런 행동을 하지 않는가? 몇 주 동안 스스로를 살펴보고 위의 행동이 나타날 때마다 고치려고 노력하자. 습관을 바꾸기란 쉽지 않지만, 인식하는 것부터 시작하면 불가능한 것도 아니다.

2단계: 마음속으로 내부 작업을 해야 행동도 바뀐다. 부정적인 마음을 변화시키는 요령을 몇 개 소개한다. 이를 통해 자존감을 강화할 수 있을 것이다.

- '나는 열등해'라고 생각한다면 '나는 다른 사람 못지않게 소중해'라고 바꿔보자. 이렇게 생각하기 시작하면 '나는 충분히 뛰어나지 않아'라는 가정 자체를 바꿀 수 있다. 그러면 자기 의견을 표현할 수도 있고 생각도 자유로워진다.
- 지나치게 사과하는 경향이 있다면, 잘못한 일이 없을 때는 '미안해'라고 말하지 않도록 의식적으로 노력하자.

오래된 습관을 그만두기는 쉽지 않다. 하지만 자신을 비하하고 자존감을 낮추는 말을 하고 있다면 바꾸려고 노력해보자. 자신을 비하하는 대신 존경하는 것이다. 내가 나에게 가장 든든한 응원단이 되어주자.

Tip40. 적극적인 권리장전 만들기

"인권을 무시한다는 것은 그들의 인간성을 파괴한다는 뜻이다."

– 넬슨 만델라(Nelson Mandela)

수년간 상담하면서 들어온 가장 놀라운 질문은, 자신이 어떤 방식으로 느끼거나 생각할 권리가 있는지에 관한 질문이다. 나를 찾아온 이들은 그럴 권리가 자신에게 있는지 묻는다. 내가 실제로 들은 질문 몇 가지는 다음과 같다. "내가 그렇게 느낄 권리가 있을까요?", "내가 그걸 원하거나 필요하다고 말하는 건 좀 이기적이지 않아요?", "내게 말할 권리가 있어요?", "내가 그걸 거절해도 돼요?", "좋은 사람이 되려면, 내가 원하는 것이 아니라 다른 사람이 원하는 것을 신경 써야 하지 않나요?".

자신의 감정을 느끼고 자신의 생각을 드러낼 권리가 있다는, 지극히 기본적인 가정을 받아들이지 않는 한, 자신감을 가질 수 없고 적극적인 사람이 될 수도 없다. 이런 기본적인 권리를 허용하지 않는다면, 자존감이 아니라 수치심만 끌어안게 된다.

물론 권리에는 의무가 따라오는 법이다. 예를 들면 다음과 같은 것들이다.

적극적인 기본 권리	수반하는 의무
내 마음을 말할 권리가 있다.	다른 이의 의견을 판단 없이 받아들이고 소중히 해야 한다.
경계와 정도를 정할 권리가 있다.	다른 이의 경계와 정도를 존중해야 한다.
실수할 권리가 있다.	다른 이의 실수를 친절하게 받아들여야 한다.

우리는 모두 존중받아야 하고, 기본적인 인권을 보장받기 위해 목소리를 내야 한다. 자신의 권리와 이에 수반하는 의무를 정확히 아는 것이 모두에게 이롭다.

시도해보기

자신의 기본 권리를 파악하고 자신을 존중하면, 이런 식으로 생각하거나 느낄 권리가 없다는 생각이 사라질 것이다.

1단계: 나의 기본적인 인권을 파악하고 인정하기 위해, 다음 목록를 살펴보자. 자신에게 이러한 기본 권리를 허용하고 있는가?

- 아니라고 말할 권리가 있다.
- 존중받을 권리가 있다.
- 다른 사람이 내가 하는 말에 동의하지 않거나 내 말을 싫어 하더라도, 하고 싶은 말을 할 권리가 있다.
- 다른 사람의 요구 못지않게 내 요구를 중요하게 여길 권리 가 있다.
- 내 의견을 말할 권리가 있다.
- 실수하고 실패할 수 있는 권리가 있다.
- 다른 사람이 지나치게 기대한다면 이를 충족시키지 않아 도 된다.
- 다른 사람과의 관계에서 적당한 경계와 정도를 정할 권리 가 있다.
- 도움을 청할 권리가 있다.
- 슈퍼맨이나 슈퍼우먼이 되지 않을 권리가 있다.

2단계: 위의 목록 중에서 받아들이기 어려운 권리가 있는지 찾아 본다.

3단계: 위의 목록을 참조해서 자신만의 '적극적인 권리장전'을 만들 자. 누구도 거부할 수 없는 기본 권리를 상기시켜줄 것이고, 나를 인 정하고 자신감을 키우는 초석이 될 것이다. 눈에 잘 띄는 곳에 이 권 리장전을 붙여두고 시시때때로 내게 이런 권리가 있음을 상기하자.

4단계: 권리장전에 쓰인 항목마다 따라오는 책임을 적는다.

5단계: 이 적극적인 기본 권리와 의무를 무조건적으로 받아들이면 내 삶이 어떻게 변할지 생각해보자. 나를 다르게 느끼게 될까? 다른 사람도 다르게 받아들이게 될까?

나의 기본적인 권리와 이에 따라오는 책임을 받아들인다면, 진정한 자존감을 키울 견고한 기반을 닦은 셈이다.

나의 권리장전

9
건강한 관계
형성하기

용서한다는 것은
새로 시작할 기회를
주는 것이다.

– 데스몬드 투투 –

바람직한 지원자
확보하기

건강한 사람이 되려면 건강한 관계를 맺어야 한다. 타고난 성격이 외향적이든 내향적이든, 다른 사람과 사회적 관계를 맺고 애정관계를 구축해야 더 나은 방향으로 나아갈 수 있다. 나를 든든하게 지원해주는 사람이 있으면 애정을 듬뿍 받으면서 성장한다. 내가받는 사회적 지원이 든든하다고 느낄수록 자신을 긍정적으로 바라볼 수 있다. 인생에 대해서도 믿음을 갖게 되고 긍정적인 시각을 갖게 된다. 마음 깊은 곳에 있는 생각과 느낌을 공유할 수 있는 사람이 하나라도 있다면 행복한 삶을 살 수 있다.

우리는 내게 유익하기보다 해로운 관계를 맺기도 한다. 나의 성장을 도와주지 않는 폭력적이고 해로운 관계를 맺고 있다면, 자신에 대한 회의감도 커지고 자존감이 낮아질 뿐 아니라 세상에 대한 두려움도 커진다. 해로운 관계를 맺고 있다면, 그 관계가 어디까지 영향을 미칠 수 있는지 한계를 그어야 한다. 때로는 관계를 단절하는 것이 가장 바람직하다. 물리적으로 관계를 끊을 수 없는 사람, 예를 들어 부모나 자식과의 관계가 해롭다면, 적정한 선을 긋는 방법을 체득해야 한다.

이 장에서는 다른 사람에게 인정을 받으려고 집착하는 행동을 극복하는 요령을 배우고, 타인을 용서함으로써 마음의 평화를 되찾는 방법을 자세히 살펴본다. 바람직한 사회적 지원을 받으면 스트레스를 다루는 데 도움이 된다는 사실 역시 집중적으로 들여다볼 것이다. 이는 셸리 E. 테일러(Shelley E. Taylor)가 '보살핌과 어울림 반응(Tend-and-Befriend Response)'이라고 부른 것과 관련 있다. 켈리 맥고니걸(Kelly McGonigal)은 '나를 뛰어넘는' 목표를 설정하는 것이 왜 중요한지 알려준다. 맥고니걸에 따르면 다른 사람을 위해 일하거나 다른 사람과 이어지겠다는 목표를 세우면 더 뜻깊고 연결된 삶을 살게 되고, 한 발자국 더 성장하게 된다.

자신의 사회적 지원 시스템을 개선할 준비가 되었는가? 외롭고 고립되어 다른 사람은 나를 이해하지 못한다는 느낌을 받았다면, 다른 사람의 지원을 받아 성장할 때가 되었다는 뜻이다.

Tip41. 인정 중독 깨뜨리기

"스스로 인정하지 못하는 사람은 안식을 얻지 못한다."

- 마크 트웨인

다른 사람의 눈에 내가 어떻게 보일지 지나치게 걱정하지 않는가? 나에 대해 지나치게 비판적이라면, 지금의 모습을 있는 그대로 받아들이고 사랑하는 것이 어렵다면, 아무리 다른 사람의 사랑과 인정을 받아도 소용없다. 다른 사람이 얼마나 인정해주건 스스로를 사랑하는 것만큼 만족스럽지 않다. 자신에게 만족하지 못하면, 누군가가 나를 인정하지 않고 거부할 때까지 무력하게 기다리게 된다. 스스로를 사랑할 수 없는 사람은 남이 나를 어떻게 생각하는지 골똘히 생각하다가 사회 불안 장애를 키우게 된다.

내 상담자 중 갓 성인이 된 청년이 있다. 그는 불안할 때 말을 더 듬었다. 다른 사람이 자신을 둔하거나 지루하다고 생각할까 두려워서 입을 떼는 것을 힘들어 했고, 다른 사람에게 말을 걸어야 할 때는 가벼운 공황 발작 증세까지 나타났다. 자신에게 문제가 없다고 느끼려면 학교 친구나 교수에게 인정을 받아야만 했다. 이 청년처럼 사회 불안 장애나 낮은 자존감 때문에 힘들어하는 사람이 보이는 공통점이 있다. 실제 비판을 받거나 거부당하지 않았는데도 비판을 받았다고, 혹은 거부당했다고 인지하는 것이다. 불안감이 증

폭되는 날이면 누가 쳐다보거나, 가벼운 말을 던지거나, 별 생각 없이 한 말에도 상처를 받고 인정받지 못했다고 간주해버린다. 최근에 그 청년은 친구가 그와 대화하면서 휴대전화를 봤을 뿐인데도 심각한 자존감 위기를 겪어야 했다.

당신은 어떠한가? 엉뚱한 곳에서 애정을 찾고 있지 않는가? 다른 사람에게 인정을 받으려는 욕심에 잘못된 생각을 하거나 자신의 생각을 차마 말하지 못하고 있지 않은가? 다른 사람의 인정을 받으려고 애쓴다면, 자기애의 중요성을 간과하고 있다는 사실을 기억하라.

시도해보기

다른 사람의 인정에 집착하는 습관을 없애면 스스로를 인정할 수 있게 된다.

1단계: 다른 사람에게 인정받으려는 마음이 조금이라도 있다면, 다음의 질문을 던져보자.

- 그들이 나를 어떻게 생각하기를 바라는가?
- 다른 사람들이 나를 싫어한다면, 그것이 나에게 무엇을 의미하는가?
- 자신에게 인정받아야 할 것을 남에게서 받으려하는가?
- 내 의견보다 다른 사람의 의견을 중요시하는 이유가 무엇인가?
- 내 안에서 찾아야 할 것을 바깥에서 찾고 있다면, 그것은 무엇인가?

2단계: 남의 인정을 받으려는 이면에 숨어 있는 믿음과 내가 말하려고 하는 문장, 즉 자기 진술이 무엇인지 파악하자. 예를 들어, "그녀는 나를 거부해"라는 말은 "나는 남들이 좋아하는 사람이 아니야"라는 뜻이다. 각 진술이 사실인지 스스로에게 물어보자.

3단계: 사실이 아닌 자기 진술을 보다 정확한 말로 바꿔보자. 예를 들어 "그녀가 나를 좋아하지 않는다면 정말 끔찍할 거야"는 "그녀가 나를 좋아하지 않으면 실망스러울 거야"로 바꿀 수 있다. 흑백논리로 상황을 바라보지 말고, 자신의 관점에 영향을 끼치지 않는 보다 유연한 문장으로 바꿔보는 것이다.

4단계: 다른 사람에게 인정을 받으려고 애쓰는 이면에 숨어 있는 부정적인 생각을 파악하고, 흑백논리를 논리적이고 유연한 생각으로 바꿔 자기애와 자기 존중감을 찾을 계획을 세워보자. 누가 나를 재미있는 사람이라고 생각해주기를 바라는 대신, 지식과 활동 반경을 넓혀서 재미있는 사람이 되도록 계획을 짜보는 것이다.

다른 사람에게 인정을 받으려는 대신 스스로에 대해 만족하면, 부족한 점을 포함해 나의 모든 면을 사랑할 수 있게 된다.

Tip42. 지지 네트워크 구축하기

"친구란 지금 모습 그대로의 당신을 아는 사람이다. 당신이 어떤 여정을 걸어왔는지 이해하고, 당신을 지금 모습 그대로 받아들이며, 당신이 성장할 수 있도록 부드럽게 허용해주는 사람이다."

– 엘버트 허버드(Elbert Hubbard)

어떤 관계를 맺고 있느냐에 따라 인생의 질이 달라진다. 자존감이 낮다면 사람을 신뢰하지 않을 가능성이 높다. 자신에 대한 믿음이 쉽게 흔들리기에, 약한 나를 보호하려 들기 때문이다.

인정받지 못하거나 웃음거리가 될 것이라는 두려움, 거부당하거나 '끼어들지 못할 거야'라는 두려움 때문에 더욱더 고립되기도 한다. 거부당하거나 인정받지 못할 것이라는 두려움에 시달리다 보면, 종국에는 자신은 물론 다른 사람에 대해서도 비판적인 태도를 보이게 된다. 아이러니한 일이다. 결국 자신을 보호하지도 못한다. 다른 사람에게서 자신을 보호할 수는 있어도 자신에게는 무력하게 스스로를 내어주는 꼴이다. 보호하겠다고 한 일이 사실은 스스로를 고립시킨다.

성별에 따라 사회적으로 연결되는 모습은 다르다. 남성은 스트레스를 받으면 협조적이기보다는 경쟁적인 모습을 보이는 경향이 있다. 반면 여성은 보살핌과 사회적 지지를 찾을 가능성이 높다. 테일러는 이런 행동을 '보살핌과 어울림 반응'이라고 칭했다.

사회적 지지는 남성에게도 중요하다. 남성과 여성을 연구한 많은 연구 결과에 따르면, 사회적으로 강하게 연결될수록 행복을 느낄 가능성이 크다. 사실, 행복에 있어 사회적 연결은 가장 중요한 요소로 작용한다.

당신은 어떠한가? 당신의 지지 네트워크는 견고한가? 만일 충분한 지지 시스템이 없다면, 사회적 연결을 강화하고 개선해야 한다. 정신적, 감정적 건강이 사회적 연결에 달려 있다!

시도해보기

스트레스를 받을 때마다 자신을 고립시키고 움츠러드는가? 아니면 스스로를 보듬어 안는가? 당신의 선택에 따라 행복은 물론 건강, 수명까지도 달라진다.

1단계: 다음의 질문에 대해 생각해보자. 일기에 답을 써보면 보다 분명하게 상황을 파악하고 변화할 수 있을 것이다.

- 자신의 지지 시스템에 만족하는가? 어떻게 개선할 수 있을까?
- 믿을 만한 사람이 한 명 이상 있는가? 믿을 만한 사람들의 이름을 적어보고, 한 명도 없다면 그 이유를 설명해보자.
- 지지 시스템이 만족스럽지 않다면, 다른 사람과 연결되는 데 어려움을 겪는 이유를 파악해보자. 무엇이 다른 사람과 이어지는 것을 방해하는가? 2가지 이상의 이유를 대보자.
- 좀 더 많은 이들과 연결되려면 어떤 전략을 사용해야 할까? 실천할 수 있는 목표를 2가지 이상 적어보자. 취미를 공유할 수 있는 동아리에 가입하는 것도 한 가지 방법이다.

2단계: 가입할 수 있는 그룹, 행사, 클럽, 교육 등을 나열해보자. 한 주에 한 가지씩 시도해보자. 모든 시도가 성공하지는 않을 테지만, 노력하다보면 어느 하나는 먹힐 것이다.

3단계: 지금까지 살아오면서 다른 사람의 도움을 받았던 경험을 적어보자. 그중 한 사람에게 지금까지의 삶을 공유하고 앞으로 나아가기 위한 도움을 청해보자. 혼자서 외롭게 길을 걸어야 할 필요는 없다. 자존감이 낮은 사람은 도움을 청하는 것조차 힘들다. 하지만 도움을 청하면 앞으로 나아가는 데 필요한 힘을 얻을 수 있다. 게다가 계획을 다른 사람에게 말하는 것만으로도 그 계획을 실천할 확률이 높아진다.

자존감이 낮은 사람이라면 타인과 사회적 연결 고리를 만들기가 쉽지 않다. 새로운 관계를 형성하고 자신의 벽을 허물어서 다른 사람을 내 안에 들이려면 용기가 필요하다. 이미 편안해진 자리를 박차고 나와야 지지 네트워크를 형성할 수 있다. 그렇게 하면 마음은 물론 몸도 건강해진다.

Tip43. 자애와 자기 자비로 다른 사람 대하기

"모든 이가 각자 힘든 싸움을 하고 있다. 그러니 다른 사람에게 친절하게 대하라."

– 플라톤(*Platon*)

5장에서 친절한 마음과 자기 자비로 스스로를 대하라고 했다. 이제는 이를 다른 사람에게도 확장해보자. 당신에게 상처를 주는 사람조차 용서하고 연민할 수 있다면 분노와 비통에서 벗어나게 된다. 잘못된 행동을 묵과해야 한다는 것이 아니다. 용서한다고 상처가 덜해지지도 않을 것이다. 다만, 부정적인 생각과 비통함에 허우적거리면서 다른 사람의 영향력에 휘둘리기에 당신은 너무 소중하다는 것을 말하고 싶을 뿐이다.

다른 이를 자애롭게 대하는 것은 여러 장점이 있다. 다른 사람을 사랑하고 친절하게 대하면, 다른 사람도 그렇게 당신을 대할 것이다. 속담을 빗대어 말하자면, 파리는 식초보다 꿀에 모이는 법이다. 긍정적인 사람 주위에는 긍정적인 사람이 모인다. 비판적이고 부정적이며 판단을 내리기 좋아하는 사람 주위에는 사람이 모이지 못한다. 나중에는 고립되고 갈등으로 점철된 관계만 남게 된다.

나를 포함한 모든 사람에게 친절과 사랑을 베풀어서 스스로를 치유할 준비가 되었는가?

시도해보기

다른 사람에게 친절과 연민을 베푸는 일에 집중하면, 옳고 그름보다 친절 자체에 신경을 쓰게 된다.

1단계: 중국 손가락 올가미(Chinese Finger Trap, 얇은 대나무로 만든 실린더처럼 생긴 장난감이다. 양쪽 끝에 손가락을 넣는데, 손가락을 빼내려고 할수록 입구가 좁아져서 손가락을 옥죈다. 이 함정에서 빠져나오려면 오히려 손가락이 맞닿게 해야 한다. 그러면 입구가 넓어지면서 손가락이 빠진다.-역자 주)에 손가락을 집어넣고, 손가락을 빼려고 한다고 상상해보자. 당연한 이야기지만, 손가락을 빼려고 할수록 손가락은 옴짝달싹 못하게 된다. 친절하려고 하는 대신 옳은 사람이 되려고 하면, 똑같은 일이 발생한다. 내 주장이 옳다는 것을 증명하거나 타인의 마음을 바꾸려고 하면 다른 사람과 싸우다 끝나기 마련이다. 타인을 사랑하는 데는 관심이 없고, 내 주장이 옳다는 생각에만 사로잡혀 있기 때문이다.

2단계: 손가락을 모아서 중국 손가락 올가미의 함정에서 빠져나오는 것을 상상해보자. 갈등 관계에서 벗어나는 것도 이와 같다. 친절한 마음으로 상대방에게 다가가야 한다. 내가 옳다며 다른 사람을 밀어내서는 안 된다. 다가가야 갈등이라는 함정에서 빠져나올수 있다!

3단계: 문제가 많은 사람을 한 명 생각해보자. 이 사람과 갈등을 겪었던 최근의 사례를 2개 떠올려보자. 갈등이 벌어지는 동안 나의목적은 무엇이었는가? 내가 옳다는 것을 보여줘서 그 사람의 마음을 돌리려고 했는가? 아니면 친절하게 대하고, 협상안을 찾고, 순수한 마음을 표현하려고 했는가?

4단계: 내가 옳다는 것을 증명하는 대신 친절하게 대하려고 노력했다면 그 사람과의 관계가 달라졌을까? 아래 질문에 답을 적어보자.

- 그 사람에 대한 감정이 어떻게 달라졌을까?
- 한계를 넓히는 데 집중할 수 있었을까?
- 나에 대한 감정은 어떻게 달라졌을까?
- 좀 더 용서하는 마음을 가졌을까?
- 좀 더 사랑하는 마음을 갖게 되었을까?
- 좀 더 가까워질 수 있었을까?
- 좀 더 행복해졌을까?

덫에 걸려 이도 저도 못 하고 있다는 느낌이 들 때, 친절을 베풀어라. 그러면 따뜻하고 긴밀한 관계를 맺을 수 있다.

Tip44. 용서라는 선물 건네주기

"용서한다는 것은 새로 시작할 기회를 주는 것이다."

– 데스몬드 투투(Desmond Tutu)

사람은 여러 가지 이유로 억울함에 시달린다. 사소한 일 때문에 억울함을 느끼기도 하고, 트라우마를 남길 법한 심각한 일을 겪고 억울함을 느끼기도 한다. 우리는 때로 인생의 잔인함을 마주한다. 도무지 이해할 수 없는 일을 겪었다는 생각이 들기도 한다. 원하지 않는 부당한 대접 때문에 상처를 받기도 한다. 원통함에 젖어 "어떻게 나한테 이럴 수 있어?"라며 분노한다.

인생이 불공평하다고 아무리 투덜대도, 바뀌지 않는 사실이 한 가지 있다. 비통함에 젖어서는 마음을 치유할 수 없고 평온도 찾을 수 없다는 것이다. 타인을 도저히 용서할 수 없다고 생각하는 순간, 그 생각에 사로잡히는 것은 바로 나 자신이다. 과거에 일어난 일은 돌이킬 수 없고, 이미 일어난 행동과 선택도 되돌릴 수 없기에 용서는 쉽지 않다. 하지만 과거의 일에 지금 어떻게 반응할지는 선택할 수 있다. 대응 방식은 선택할 수 있으며, 이 선택에 따라 과거에서 교훈을 얻고 과거의 족쇄를 떨쳐버릴지, 과거에 매달려 있을지 결정된다.

용서에 대한 몇 가지 진실을 통해, 흔히 발견되는 잘못된 생각을 바로잡아보자.

- 용서한다는 것이 그들이 옳고 내가 틀렸다는 것을 뜻하지 않는다. 과도하게 옳고 그름에 집착하지 마라.
- 용서에 있어서 중요한 것은 다른 사람이 아니라 자기 자신이다. 분하다는 생각에 스스로를 망치고 있지 않은가?
- 다른 사람을 용서할 때, 그 대가로 내게 뭐든 해줘야 한다고 기대하지 말아야 한다. 용서에 대한 대가로 무엇을 주어야 하는 것은 아니다.
- '용서한다(Forgive)'라는 단어는 'for'와 'give'로 이루어져 있다. 앞으로(Forward) 나아갈 기회를 스스로에게 주는(Give) 것이다.

비통과 원한에 빠졌던 경험이 있는가? 그렇다면 나에게 용서라는 선물을 줄 때가 되었다. 그 사람은 용서를 받을 자격이 없다고 생각할지 모른다. 하지만 적어도 나는 용서를 받을 자격이 있다.

부정적인 면에 집착하면 다른 사람을 깎아내리게 된다. 그래야 내가 더 나은 사람으로 느껴지기 때문이다. 하지만 실제 일어나는 일은 정반대다. 불평하면 할수록 비통함에 사로잡히고, 행복은 점점 멀어진다.

1단계: 용서에 대한 위의 이야기를 다시 읽어보고, 내 이야기는 아닌지 생각해보자. 그리고 글로 적어보자. 어떤 일이 용서하기 어려운가?

2단계: 1단계에서 쓴 것을 기반으로 '용서 일기'를 써보자. 하루 5~10분이면 충분하다. 용서 일기를 통해 용서하는 습관을 들일 수 있다. 일기를 몇 개의 섹션으로 구분해보는 것도 유용하다.

1섹션: 당신의 이야기를 해보자. 과거에 있었던 일을 회상해보고, 화나고 비통했던 이유가 무엇인지, 용서하지 못해 괴로웠던 일이 있다면 이유는 무엇인지 써본다.

2섹션: 상처를 드러냈다면, 그 상태로 끝나는 것이 아니라 파고들어야 한다. 당신의 이야기를 긍정적인 경험으로 바꿔보는 것이다. 누가 나에게 상처를 입혔는지가 아니라 상처받은 느낌 자체에 집중하자. 그 느낌이 나에게 어떤 영향을 끼쳤는지 살펴보자. 그 상처가 얼마나 괴로웠고, 과거와 현재의 관계에 어떤 영향을 끼쳤는가? 그 상처를 받은 이후 나는 어떻게 달라졌는가? 혹시 나를 보호하려 들고, 그 결과 고립되었는가?

3섹션: 상처를 입을 때 내가 어떻게 대응하는지 이해하면 나만의 용서 프로세스를 만들어볼 수 있다. 어떻게 하면 나아질 수 있는지, 과거의 상처에서 자유로워지려면 무엇이 필요한지 살펴보자. 다음의 질문에 대한 답을 일기에 써보자. 어떤 교훈을 얻었는가? 현명하고 따뜻한 사람이 되게 해주는 식견을 얻었는가? 나를 약하게 만드는 것을 극복해서 더 강한 사람이 될 수 있는가? 해결책을 찾아보자. 상처로 인해 취약해지는 대신 속 깊은 사람이 될 수 있을 것이다.

3단계: 용서 프로세스를 원활히 하고 용서를 실행하기 위해, 스스로 자신의 상태를 살펴보아야 한다. 다음 페이지의 질문지가 도움이 될 것이다. 용서는 일회성 행위가 아니다. 매 순간 현재 단계를 생각해보고, 주기적으로 상태를 점검해야 한다. 때때로 질문지를 다시 체크해보며 내 상태가 어떻게 달라졌는지 살펴보자.

얼마나 용서할 수 있는가?

다음 질문에 1부터 10까지 점수를 매겨 '용서 IQ'를 측정해보자.

1	2	3	4	5	6	7	8	9	10

강하게 부정함   동의함   강하게 동의함

_____ 자신이 한 짓을 후회하지 않는 사람은 용서할 수 없다.

_____ 용서한다는 것은 그 사람의 행위를 그냥 넘어가준다는 뜻이다.

_____ 용서하지 못하기 때문에 과거에 너무 휘둘린다.

_____ 용서한다는 것은 나쁜 행실을 눈감아주는 것이다.

_____ 나에게 상처를 입힌 사람들 때문에 남을 믿기 어려워졌다.

_____ 내가 용서하면, 잘못한 사람은 자신의 행동을 책임지지 않을 것이다.

_____ 자연스럽게 용서되지 않으면, 뭘 어떻게 할 수 없다.

_____ 상처 때문에 다른 사람과 가까워지지 못하고 고립되었다.

_____ 다시 상처 입지 않으려면 나 자신을 보호해야 한다. 그래서 마음을 열기 어렵다.

_____ 나의 실수, 미숙함, 잘못된 선택 등을 떠올리면 나 자신도 용서하기가 쉽지 않다.

_____ **합계**

어떤 점수가 나왔는가? 점수가 낮을수록 용서 IQ가 높은 셈이다.

15점 이하: 당신은 완벽한 '용서 전문가'다. 축하한다!

16~29점: 당신은 스스로에게 용서라는 선물을 한 사람이다. 긍정적인 상태를 유지할 수 있을 것이다.

30~39점: 부정적인 태도를 피하고, 과거에 매달려 절망하지 않도록 노력해야 한다.

50~69점: 용서하지 못한 것이 현재의 삶에 부정적인 영향을 끼치고 있다.

70~84점: 과거가 현재의 삶에 너무 많은 영향을 끼치고 성장을 가로막고 있다. 전문가의 도움을 받아볼 것을 권한다.

85~100점: 위험한 상태다. 정서적으로 취약하고, 정신은 물론 신체 건강까지 위험하다. 정신과의 도움이 필요하다.

Tip45. 원대한 목표 설정하기

"나보다 원대한 것에 몰입하다 보면, 더욱더 강한 에너지를 얻기 마련이다."

— 노먼 빈센트 필(*Norman Vincent Peale*)

뿌듯함을 느끼고 싶다면 남을 도우면 된다. 자원봉사를 하는 사람은 봉사를 받는 사람 못지않게 봉사 활동에서 도움을 받는다. 다른 사람을 돕는 일과 행복감이 어떻게 연결되는지에 대해서는 많은 연구가 이루어졌다. 자원봉사의 동기와 행동에서 얻는 보상은 자원봉사에 들인 노력보다 훨씬 크다. 자원봉사 행위를 통해 남과 연결되고, 나를 뛰어넘는 원대한 목적을 위해 일한다는 느낌을 받는다. 내가 항상 하는 말이 있다. "기분이 좋아지고 싶은가? 남을 도우면 된다!"

맥고니걸의 2016년 연구에 따르면 남을 위해 자신의 시간, 돈, 관심, 연민을 사용하면 나만 생각하는 사람보다 충만감을 느낀다고 한다. 남을 돕는 데 있어 지능이나 실력은 별로 중요하지 않다. 그보다 중요한 것은 얼마나 공공선을 추구하느냐다. 맥고니걸은 '보다 원대한' 목표를 세우면 생산성이 높아질 뿐 아니라, 개인적인 목표도 달성할 수 있다고 한다.

당신은 어떠한가? 나를 뛰어넘는 원대한 목표를 세우는 것과, 나에게 만족하는 것 사이의 연관성을 발견했는가? 다른 사람을 위해 내 것을 내어줌으로써 자신감을 북돋을 수 있다는 것을 눈치챘는가?

시도해보기

원대한 목표를 세우면 자신감과 자존감이 강해진다.

1단계: 나를 뛰어넘는 원대한 목표가 있는지 자문해보자. 원대한 목표를 세우고 행동하면 다른 사람과 함께하고 연결된다는 느낌을 갖게 되고, 거기서 의미와 목적을 찾을 수 있다. 다음 질문에 답해보자. 의미를 부여하고 세상과 이어지는 목표를 찾을 수 있다.

- 나는 물론 주위 사람에게 긍정적인 영향을 미치려면 어떻게 해야 할까?
- 나에게 영감을 주는 것은 무엇인가?
- 나는 물론 주위 사람에게도 의미를 부여해주는 개인적인 미션은 어떤 것이 있을까?
- 어떻게 해야 다른 사람과 경쟁하는 대신 협력할 수 있을까?

- 세상에 공헌하려면 무엇을 해야 할까?
- 나와 다른 이들의 인생에 어떤 변화를 일으키고 싶은가?
- 나를 뛰어넘는 원대한 목표는 내게 어떤 도움이 될까?

2단계: 브레인스토밍을 하고 위의 질문에 답을 적었다면, 원대한 목표를 달성하기 위해 이번 주에 당장 할 수 있는 행동을 하나 정하자. 공공선에 기여하려면 무엇을 해야 할까? 나를 뛰어넘는 보다 원대한 목표를 세우려면, 지금의 태도를 바꿔야 할까?

3단계: 원대한 목표를 좇는 데 도움을 줄 장기적인 지원 네트워크를 구성해보자. 영적 모임, 교회나 종교 단체에 참가하는 것을 포함해야 할까? 정치 단체나 사회 단체는 어떨까? 다른 사람과 함께 참여하고 연대하려면 단체 활동을 하는 게 좋지 않을까? 의미 있는 활동을 하는 단체에 참여하고 의사 결정을 내리다 보면 사회와 이어져 있다는 느낌, 다른 이들에게 지지를 받고 사랑받는다는 느낌을 받게 된다.

혼자 동떨어져 있다는 느낌이 든다면, 나를 뛰어넘는 원대한 계획을 세워서 세상의 일에 참여하자. 어떻게 하면 다른 사람들과 연결되고 내 삶에서 의미를 찾을 수 있을지 고민해보자.

10

나의 삶 인정하기

자신을
사랑하는 것은
평생의 로맨스를
시작하는 것이다.

- 오스카 와일드 -

나와 나의
인생 사랑하기

에디슨이 무려 67세 때 일이다. 그의 발명품에 불이 나면서, 연구소가 망가졌다. 에디슨은 이 때문에 스트레스를 받고 절망하기는 커녕, 침착하게 아내를 불러오라고 아들에게 부탁했다. "그녀는 살아 있는 동안 이런 구경거리는 못 봤을 거야." 다음 날 에디슨은 이렇게 말했다. "재난이라는 것은 매우 가치 있는 일이야. 실수가 모두 타버렸거든. 완전히 새롭게 시작할 수 있다니 감사할 일이지!"

이와 비슷한 모습을 보인 또 다른 사람이 있다. 바로 스티브 잡스다. 2005년 스탠퍼드 대학교 졸업식 기념 연설을 하면서, 잡스는 자신의 손으로 세웠던 애플에서 쫓겨났던 일을 언급했다. 잡스는 그 일이 수치스러웠지만 새로 시작할 기회였다고 말했다. 보통 사람이라면 엄청난 망신이자 당황스러웠을 경험이 더 좋은 기회를 붙잡을 근원이 된 것이다. "그때는 미처 몰랐지만, 애플에서 해고된 것이 내 인생 최고의 일이었습니다"라고 잡스는 말했다. "성공했다는 마음의 짐이 초심자의 가벼운 마음으로 바뀐 거죠. 확신할 수 있는 일은 아무것도 없습니다. 그 덕택에 나는 내 삶에서 가장 창조적인 시기를 맞게 되었습니다."

인생을 송두리째 바꿔버리는 비극적인 재난은 수긍하기 쉽지 않다. 하지만 긍정적인 마음가짐이 있다면 이런 어려움을 받아들이고 성장할 수 있다. 긍정 심리학은 현대 심리학에서 가장 인기 있는 분야로 손꼽힌다. 긍정 심리학은 어떻게 하면 행복해지고 웰빙을 누릴 수 있는지 고민한다. 속이 뒤틀리는 괴로운 난관에 부딪혀도 에디슨이나 잡스 같은 이들은 유연한 마음으로 평정심을 찾고, 비극적인 상황에서도 긍정적인 마음으로 기회를 붙잡는다. 잃은 것을 되씹는 대신, 손에 남아 있는 것에 감사하고 나아가 새로운 것을 만들어낸다.

긍정 심리학의 기반을 닦은 마틴 셀리그먼(Martin Seligman)은 '정신 질환'을 연구하는 대신 '정신 건강(Mental wellness)'을 연구했다. 셀리그먼은 개인과 공동체가 어떻게 정신 건강과 웰빙, 유연한 태도를 지닐 수 있는지에 주목했다. 인지 부조화, 정신적 교란, 기능 장애에 주의를 기울이는 대신 긍정 심리학으로 개인적, 사회적, 영적으로 성장하는 법을 찾은 것이다. 문제가 아니라 해결에 집중한 셈이다.

이번 장에서는 긍정 심리학의 주요 개념을 학습한다. 세상이 우리를 실망시키더라도 건강한 감정 상태를 유지하는 요령을 배우는 것이다. 마인드셋(Mind-Set)에 관한 긍정 심리학 연구도 집중적으로 살펴본다. 마인드셋은 감정은 물론 신체 건강에도 영향을 미치는 마음의 힘을 단적으로 보여준다.

자존감을 키우고 나를 사랑하며 내가 받아 마땅한 행복을 찾아낼 준비가 되었는가?

Tip46. 긍정적이고 낙관적인 태도 갖기

"할 수 있다고 생각하거나, 할 수 없다고 생각하거나, 결국은 생각대로 된다."

– 헨리 포드

당신은 낙관적인가 비관적인가? 셀리그먼은 '부정적인 설명 스타일'이라는 용어를 사용해서 비관적으로 생각하는 경향을 설명했다. 이와 반대는 '긍정적인 설명 스타일'로, 긍정적이고 낙관적으로 생각하는 것이다. 셀리그먼에 따르면 부정적인 설명 스타일은 학습된 무기력과 우울증으로 연결된다. 부정적으로 설명하는 사람은 어떤 일에 좌절하면 그것이 영구적인 것이라고 생각하고, 부분적인 문제도 전체로 확대한다. 또한 자신의 근본적인 결함 때문에 모든 문제가 발생했다고 믿는다.

예를 들어, 부정적으로 설명하는 사람이 파티 날짜를 잡으려다가 실패했다고 하자. 이 사람은 실패가 당연하다고 여기고("나한테는 되는 일이 없어") 계속될 거라고 생각하며("난 아무도 만나지 못할 거야") 자신을 탓한다("나를 좋아하는 사람이 있을 리가 없지"). 반면 긍정적으로 설명하는 사람은 긍정적이고 유연한 태도를 보인다. 그는 시간이나 상황이 달랐다면, 혹은 조금 더 노력했다면 파티 날짜를 잡을 수 있었을 거라고 믿는다. 그리고 노력에 보답받지 못하고 실패했어도 자신이 사랑받지 못하는 사람이나 실패자라고 여기지 않는다.

당신은 어떠한가? 부정적으로 설명하는 타입인가? 그렇다면 이제는 변화할 때다.

─── 시도해보기 ───

부정적인 설명 스타일이 천성이라고 느껴지더라도, 긍정적인 방식으로 생각하는 요령을 배우면 얼마든지 달라질 수 있다. 이럴 때 유용한 팁을 소개한다.

1단계: 힘들었던 상황을 몇 개 생각해서 일기에 적어보자. 예를 들어 "파티에 갔지만 아무도 못 만났어" 같은 것이다.

2단계: 한 페이지를 둘로 나눠서, 다음과 같은 표를 만들어보자. 첫 번째 칸에는 상황을 부정적으로 해석한 사례를 적고, 오른쪽에는 긍정적이고 현실적인 해석을 적어보는 것이다.

이미 일어난 일을 부분적이고, 덜 부정적이고, 자책하지 않는 방향으로 해석하는 것만으로도 나에게 관대해지고, 상황이 견딜만한 것으로 느껴진다. 다음 사례를 참고해서 자신의 생각을 적어보자.

부정적인 설명 스타일	긍정적인 설명 스타일
아무도 나를 좋아하지 않아. 나는 매력이 하나도 없어.	사람을 만나는 건 쉽지 않아. 아직 마음에 드는 사람을 만나지 못한 것뿐이야.
난 데이트 못 하고 혼자 죽을 거야.	아직 나와 맞는 사람을 못 찾은 것뿐이야. 하지만 미래는 알 수 없어. 만나려고 한다면 누군들 못 만나겠어?
나는 제대로 되는 일이 없어.	학교에서도, 직장에서도 난 잘해왔어. 연애도 계속 노력하면 돼.

3단계: '반쯤 비어 있는 컵'과 '반쯤 차 있는 컵'에 관한 이야기를 떠올려보자. 잔을 하나 그린 다음 중간에 선을 긋는다. 아래에는 부정적인 설명들을 채우고, 위에는 긍정적인 설명들을 적는다. 이런 식의 시각화를 사용하면 긍정적인 방향으로 생각을 가다듬을 수 있다. 간단한 그림을 사용해서 부정적인 생각을 긍정적인 생각으로 바꿔보자.

간단한 전략으로 부정적인 해석을 건강하게 바꿀 수 있다. 이 간단한 전략을 배우는 것만으로도 시야가 넓어지고 인생이 달라지며 자존감이 더욱 굳건해진다.

Tip47. 감사 연습하기

*"감사하는 마음이 없다면 그 사람은 인간성에 무엇인가 결여
되어 있다는 뜻이다."*

– 엘리 위젤(*Elie Wiesel*)

　낙관적이고 유연한 인생에는 감사하는 태도가 필요하다. 감사하
는 사람은 용서하고 사랑하며 희망을 품고 산다. 하지만 상황이 나
쁠 때, 도대체 무엇에 감사할 수 있을까?

　인생이 잘 풀리고 있을 때, 승리가 눈앞에 있을 때 감사하기란 어
렵지 않다. 하지만 인생이 뒤통수를 칠 때 감사하기는 쉽지 않다.
얻는 것보다 잃는 것이 많고 과거의 실망과 후회가 덮쳐오며 세상
은 불공평하다면, 사랑을 느끼고 감사한 마음을 갖는 것은 요원해
보인다. 그렇지만, 어떤 일이 일어나더라도 깊게 생각해보면 인생
에는 여전히 감사한 것이 많다는 것을 깨달을 수 있다. 감사하는 사
람들의 특징은 다음과 같다.

- 비가 내리지 않았는데 무지개를 볼 수 있을 거라고 기대하
  지 않는다.
- 바꿀 수 있는 것은 바꾸고, 바꿀 수 없는 것은 그대로 받아들
  인다. 인생이 불공평하다며 불평하지 않는다.

- 내 인생에 부족한 것이 무엇인지 찾지 않는다. 갖고 있는 것에 집중한다.
- 행복에 조건을 달지 않는다. "이렇게 하면 행복해질 거야"라고 말하는 대신 갖고 있는 것을 바라본다.
- 남과 나를 비교하며 시간을 보내지 않는다. 그러니 비통해하거나, 질투하거나 분노할 일이 없다.
- 나를 정의하는 것은 꿈과 내가 내린 결정이지, 실망이 아니다.

당신은 어떠한가? 감사한 마음으로 살고 있는가? 아니면 큰 그림을 보지 못하고 작은 결점에 매달려 불평하고 있는가?

─────── 시도해보기 ───────

감사하는 마음을 제일 중요하게 여기면, 부정적인 시각을 긍정적으로 돌린 셈이다. 일상에서 감사하는 태도를 갖는 방법을 찾아보자.

1단계: 감사하는 마음을 표현하며 하루를 시작하자. 감사하는 마음을 가지려면 어떤 아침 의식을 하는 게 좋을까? 아이디어를 몇 개 떠올려보고, 그중 할 만한 것을 골라본다. 저녁에 할 의식도 하나 추가해보자. 예를 들면, 침대 옆에 사랑하는 사람의 사진을 놓아두고 그들이 내 삶에 들어와 준 것에 감사하는 말을 아침저녁으로 하는 것이다.

2단계: '감사 일기'를 만들어서 하루에 3가지 이상 감사한 일을 적어보자. 매일 내용이 달라져야 한다. 새로운 감사거리를 생각해내는 것이 핵심이다. 어려워 보이는가? 그렇기 때문에 하는 것이다! 비통해하는 대신 끊임없이 감사할 것을 찾아보자. 감사할 것을 찾다 보면 나와 내 인생에 만족하게 될 것이다.

3단계: 팁 10번에서 이야기했던 '의무 항아리'처럼 '감사 항아리'를 만들어보자. 종이에 감사의 이유를 적어서 항아리에 집어넣는다. 감사를 표현하는 그림이나 단어 등을 적어서 항아리에 계속 넣는 것이다. 이 항아리를 눈에 띄는 곳에 두고 감사한 마음을 갖는 것이 얼마나 중요한지 스스로에게 상기시키자.

4단계: 긍정적인 마음을 주위에도 흩뿌리자. 하루에 한 사람 이상에게 내가 얼마나 고마워하고 있는지 마음을 표현하는 것이다.

매 순간 감사한 마음을 갖고, 감사한 마음을 표시하고, 다양한 방식으로 감사를 표현하자. 자신은 물론 인생에 대해서도 만족하게 될 것이다.

Tip48. 스트레스 받아들이기

"스트레스를 관리하는 최상의 방법은 스트레스를 회피하거나 줄이는 것이 아니다. 스트레스에 관한 생각을 재정립하고 이를 과감하게 받아들이는 것이다."

– 켈리 맥고니걸

"스트레스란 _____ 다." 이 문장의 빈칸을 채워보라고 한다면 무슨 생각이 떠오르겠는가? 보통은 부정적인 생각을 떠올린다. "어렵다", "해롭다", "파도같이 나를 휩쓴다", "심신을 지치게 한다" 등의 답이 나올 것이다. "동기부여를 해준다", "흥미진진하다", "성장하려면 필요하다" 등의 긍정적인 반응은 거의 나오지 않는다. 하지만 스트레스에는 부정적인 면 못지않게 긍정적인 면도 있다.

상담하면서 스트레스에 대한 부정적인 의견을 들으면, 나는 스트레스가 나쁘다는 인식 자체가 문제라고 이야기한다. 스트레스가 나쁘다고 생각할수록 스트레스에 유연하게 대처하기 어려워지고 우울증이나 불안 증세에 시달리기 쉽다. 인생에서 의미를 찾거나 새로운 도전을 하기도 어려워진다. 스트레스 자체는 나쁘지도, 좋지도 않다. 스트레스는 스트레스일 뿐이다. 인생에는 항상 스트레스가 존재한다. 회피하려 하면 할수록 스트레스는 인생을 방해한다.

스트레스가 긍정적이라는 것은 이미 다양한 연구 결과로 밝혀졌다. 스트레스는 삶에 활기를 더해준다. 기운을 북돋아줄 뿐 아니라, 내가 열심히 살고 있으며 사람들과 이어져 있다는 것을 상기시켜 준다.

스트레스를 좀 더 의미 있는 것으로 바꿀 준비가 되었는가? 스트레스는 피할 게 아니라 적극적으로 받아들여야 한다.

시도해보기

스트레스를 피하지 말고 받아들이라니, 말도 안 되는 이야기라고 생각할 수도 있다. 하지만 스트레스를 긍정적으로 바라보게 도와주는 습관 몇 개를 익히고 나면, 한 단계 더 성장한 나를 발견하게 될 것이다.

1단계: 스트레스를 기타 같은 현악기의 줄이라고 생각해보자. 줄이 너무 팽팽하면 찢어지는 소리가 나고 반대로 너무 헐거우면 음이 제대로 나지 않는다. 스트레스도 이와 같다. 스트레스가 너무 많으면 지친다. 반대로 스트레스가 너무 없으면 외부 세계와 동떨어져서 고립되고, 그 누구와도 연결되지 못해 우울증을 느끼게 된다.

2단계: 긍정적인 것이든 부정적인 것이든 스트레스를 받았던 일을 10~20개 정도 적어보자. 까다로운 고객(부정적인 스트레스 원인)을 상대하는 것이나 자녀가 중요한 경기에서 활약하는 모습을 지켜보는 것(긍정적인 스트레스 원인)처럼 별일 아닐 수도 있고, 병이나 트라우마(부정적인 스트레스 원인)와 싸우는 것, 혹은 휴가를 계획하거나 승진하거나 결혼하는 것(긍정적인 스트레스 원인)처럼 큰일일 수도 있다.

3단계: 목록을 작성하고 나면 각각의 항목이 긍정적인지 부정적인지 파악하고, 긍정적일 때에는 '+', 부정적일 때에는 '-' 표시를 한다. '-' 표시가 붙은 항목에 대해서는 이를 어떻게 긍정적으로 바꿀지 생각해본다. 예를 들어 "까다로운 고객과 일한 덕택에 인내심이 늘었고, 적극적으로 말하는 요령이 좋아졌어"로 바꿔보는 것이다.

4단계: 스트레스를 회피하지 않고 받아들이려면 어떻게 해야 할까? '혼자 해결할 거야'라고 생각하는 대신 주위 사람에게 스트레스를 받고 있다는 것을 알리고, 도움과 지지를 청하는 것도 한 가지 방법이다. 속에 꾹꾹 담아놓는 것보다는 생각과 느낌을 공유하는 편이 낫다.

우리를 망가뜨리는 것은 스트레스 자체가 아니다. 스트레스를 어떻게 대하는지가 중요하다. 어떻게 생각하느냐에 따라 스트레스를 받아 심신이 약해질 수도 있고, 동기부여가 될 수도 있다. 스트레스를 회피하는 대신 적극적으로 받아들여야 한다.

Tip49. 마음가짐을 바꾸면 인생이 달라진다

"1등으로 시작한 사람이 1등으로 끝나란 법은 없다."

- 캐럴 드웩(Carol Dweck)

마음가짐은 정신 건강뿐 아니라 신체 건강에도 영향을 끼친다. 인생에 대한 행복감이나 만족도를 따질 때 돈, 지위, 성공은 의외로 큰 비중을 차지하지 못한다. 캐럴 드웩은 이런 관점에서 행복과 웰빙을 따지면서 마인드셋을 내세웠다.

드웩에 따르면, 가장 똑똑한 사람이 가장 행복하거나 가장 큰 성공을 거두지 않는다. 행복과 만족을 결정짓는 것은 '성장 마인드셋'이다. '고정된 마인드셋'을 가져서는 안 된다. 인생에서 장애물을 만나거나 실패를 겪을 때 성장하려는 마음가짐이 있어야 한다. 이 두 가지 마인드셋의 차이는 다음과 같다.

성장 마인드셋	고정된 마인드셋
내가 한 일과 노력이 가장 중요하다.	타고난 지능과 성과가 가장 중요하다.
능력은 바뀔 수 있다.	능력은 고정되어서 바뀌지 않는다.

투지는 보답받기 마련이다.	투지보다 타고난 능력이 중요하다.
꾸준함과 노력이 중요하다.	타고난 요령이 노력보다 중요하다.
성장하는 것이 목표다.	똑똑해 보이고 성공한 것처럼 보이는 것이 목표다.
배우는 과정 자체에 집중한다.	성공적인 결과에 집착한다.
열린 마음을 갖고 있다.	방어적이고 폐쇄된 마음을 갖고 있다.
탄력적이고 피드백을 기꺼이 받아들인다.	자기를 보호하려는 경향이 있다.
실패하더라도 버틴다.	실패하면 무너진다.

당신은 성장 마인드셋을 갖고 있는가, 고정된 마인드셋을 갖고 있는가? 고정된 마인드셋을 갖고 있다면, 이를 바꿀 준비가 되었는가? 이제 그럴 때가 되었다.

고정된 마인드셋을 성장 마인드셋으로 바꿔서, 유연하고 긍정적인 마음가짐으로 전환해보자. 그러면 자존감과 자신감도 높아진다.

1단계: 앞에서 제시한 2가지 마인드셋을 살펴보자. 당신의 사고방식은 어느 쪽과 유사한가?

2단계: 내가 갖고 있는 고정된 마인드셋이 있다면, 이를 성장 마인드셋으로 바꾸기 위해 한두 문장을 다시 적어보자.

3단계: 성장 마인드셋이 중요하다는 사실을 상기하기 위해, 의미 있는 그림을 하나 그려보자. 그림을 그려보라고 하면 으레 "난 그림을 잘 못 그리는데", "못 그릴 것 같아"라고 한다. 무엇을 그려야 하냐고 물어보기도 한다. 이런 반응 자체가 고정된 마인드셋을 보여준다. '잘 해야 해'라며 걱정하고 편견을 갖고 자신을 정의하는 것이다. 성장 마인드셋을 갖고 있다면, 나를 표현하는 수단으로서 그리는 행위 자체를 즐길 것이다. 그림을 잘 그려야만 하는 것은 아니다. 그건 그다지 중요하지 않다. 자신을 표현하는 행위 자체를 편견 없이 즐기기 바란다.

부정적인 혼잣말을 성장 마인드셋으로 바꾸자. 어떤 변화가 일어날까? 바꿀 수 없는 일에 집착하는 대신 성장에 초점을 맞추면 인생의 변화를 감사하게 받아들이게 된다. 성장 마인드셋을 갖게 되면 스스로 강요한 장애물이 없어지고, 자유로워지며, 낙관적인 마음을 지니게 된다. 그리고 앞으로 나아갈 수 있게 된다.

Tip50. 감정 유연하게 다스리기

"자신을 사랑하는 것 자체가 평생의 로맨스를 시작하는 것이다."

- 오스카 와일드

균형 잡힌 식생활이 중요하다는 것은 모두 알고 있다. 오래 건강하게 살려면 운동을 해야 한다는 것도 잘 안다. 계획을 계속 지키는 것이 어려울지 몰라도 어떤 것이 좋은지는 익히 잘 알고 있다.

하지만 정서적 건강(Emotional Wellness)에 관해서라면 무엇이 좋은지 분명하지 않다. 관심을 기울여 식생활과 운동 습관을 바꿀 수 있는 것처럼 정신적, 정서적 건강 역시 얼마든지 바꿀 수 있다. 정서적 건강을 챙기는 데도 관심과 연습이 필요하다.

다음 퀴즈는 이 책에서 다룬 10가지 주제를 포괄하는 것이다. 자신을 사랑하고, 정서적 건강의 기초를 마련하고, 굳건한 자존감을 갖는 데 도움을 주려는 것이다. 다음 퀴즈를 활용해서 10가지 분야에서 자신이 어떤 상태인지 파악하고, 좀 더 노력해야 할 부분이 있다면 해당하는 장으로 돌아가서 다시 읽어보자.

정서적 건강과 자존감은 매우 밀접한 관계다. 자신을 좋아할수록 정서적으로 안정된다. 지금 당신이 어떤 상태든, 관심을 갖고 연습

한다면 정신 건강을 개선하고 자존감을 높일 수 있다. 그러면 근사한 인생이 펼쳐질 것이다.

다음 퀴즈에 답을 해보자. 그러면 자신의 정서적 건강 상태를 파악할 수 있다. 이를 활용해서 자기애를 키우고 견고한 자존감을 확보하자.

정서적 웰니스 퀴즈

각 문장에 대해 얼마나 공감하는지 체크해보자.
(자신의 마음에 대해 솔직하게 답해야 한다.)

7 – 강하게 동의함

6 – 대부분 동의함

5 – 어느 정도 동의함

4 – 동의하지도 부정하지도 않음

3 – 어느 정도 부정함

2 – 대부분 부정함

1 – 강하게 부정함

_____ 내 자존감은 무조건적이다. 나는 나 자신을 사랑하고 받아들인다.

_____ 나는 내 실수는 물론 완벽하지 않은 인생에 대해서도 웃을 수 있고, 그 안에서 유머를 찾을 수 있다.

_____ 나는 건강한 사고 습관을 갖고 있고, 사물을 객관적이고 이성적으로 바라본다.

_____ 후회나 실망에 매달리지 않는다. 후회는 나를 낙심시키는 것이 아니라 동기를 부여해준다.

_____ 스스로에게 연민을 갖고 나를 사랑한다. 자아비판으로 나 자신을 비판하고 싶지 않다.

_____ 온전하게 지금 이 순간을 살고 있다. 과거를 반추하거나 미래에 대한 불안으로 가득 차 있지 않다.

_____ 나 자신을 돌보는 것이 가장 중요하다. 나를 돌보는 좋은 습관이 있다.

_____ 적극적으로 내 의견과 느낌을 표현하지만, 다른 사람의 권리 또한 존중한다.

_____ 나는 좋은 사회적 지원 시스템을 갖추고 있다. 주위에 믿을 만한 사람이 많다.

_____ 나는 스트레스에 의해 동기가 부여된다. 인생의 도전과 투쟁에서 의미를 찾고 감사한 마음을 갖는다.

_____ **합계**

정서적 건강 점수 분포

62-70점: 정서적으로 매우 건강하다.

54-61점: 정서적 건강이 상당한 수준이다.

38-45점: 정서적 건강이 보통 수준이다.

30-37점: 좀 더 정서적 건강을 챙겨야 한다.

22-29점: 정서적 건강에 문제가 있다.

22점 이하: 위험한 수준이다. 전문가의 도움을 받아 상태를 개선하는 것이 좋다.

글을 마치며

당신의 인생에서 가장 중요한 관계, 즉 스스로와의 관계를 성공적으로 유지하도록 도와주고자 이 책을 썼다. 자신과의 관계가 원만하지 않다면, 다른 사람들과의 관계도 힘들어지고 인생이 순조롭게 흘러가지 않는다. 자신을 의심하고 자존감이 낮다면, 행복하고 만족스러운 인생을 살 수 없다. 당신은 행복한 삶을 살 자격이 있는데 말이다.

자신을 사랑할수록 다른 사람도 믿을 수 있고, 건강하고 성숙하며 굳건하게 관계를 맺을 수 있다. 그렇지 않으면 필요할 때만 이기적으로 욕구를 충족하게 된다. 아니면 다른 사람에게 의존하거나 집착하게 된다. 당신은 누군가의 자녀이거나 부모, 배우자, 연인, 동료, 친구일 것이다. 어떤 관계를 맺던, 자신을 바라보는 관점이 건강할수록 적정한 균형을 잡으며 관계를 유지하게 된다.

이 책에 있는 팁과 활동들이 유용하길 바란다. 이를 기반으로 자존감을 키울 수 있으면 좋겠다. 당신의 존재 자체가 기적이라는 사실을 기억하길 바란다. 유전적으로 봤을 때, 당신이 태어날 가능성은 몇십억 분의 일에 불과하다는 사실을 상기하라. 가벼이 넘길 수 있는 확률이 아니다. 인생은 소중하고 특별한 것이며, 당신 역시 소중하고 특별한 존재다. 그 누구도 – 당신 자신을 포함해서–이 근본적인 사실을 잊어서는 안 된다.

당신이 '이만하면 충분하다'라고 확신할 수 없어서, 혹은 자신을 있는 그대로 받아들이기에는 단점이 너무 크게 느껴져서 이 책을 읽게 되었다면, 이 책에서 충분한 정보를 얻고 지원을 받았기를 소망한다. 그래서 자기 자신을 사랑하고, 당신은 다른 사람의 사랑을 받을 만한 존재라는 것을 깨닫기 바란다. 과거에 어떤 일이 있었건, 어떤 후회스러운 결정을 내렸었건, 성공보다 실패를 많이 경험했건, 당신의 위대함은 변하지 않는다. 우리 모두는 그 사실을 인정하고 받아들여야 한다.

이 책을 처음부터 끝까지 읽었다면, 좀 더 노력해야 할 주제를 찾아 그 부분을 다시 한 번 보기를 권한다. 다시 개념을 파악하고 연습을 반복하다 보면, 새로운 능력이 생길 것이다. 그러면 자신에 대한 의심을 없애고, 자존감을 높이고, 유연한 태도를 갖게 된다. 바람직하지 않은 방식으로 생각하고 행동해왔다면, 잘못된 습관을 없애기 위해 많이 연습하고 노력해야 한다. 조바심을 갖지 말고 앞으로 나아가는 것에 중점을 두어야 한다. 그러면서 지혜와 용기가 늘어날 것이다.

성공하든 실패하든, 이기든 지든, 의기양양하건 움츠려 있건, 선(善)을 찾아 노력하면 성장하고 치료되며 나아진다. 당신은 이미 위대해졌다. 종종 목표가 너무 멀다는 느낌을 받겠지만, 원하는 방향으로 일이 진행되지 않더라도, 당신 자신은 위대하다는 사실을 잊지 말기 바란다.

위대함은 여정의 일부다. 목적지에 도착해야만 발견할 수 있는 게 아니다. 당신의 여정이 희망, 헌신, 긍정, 성장, 치유로 가득 차서 당신이 자신과 인생을 사랑할 수 있게 되기를 바란다. 당신은 이 모든 것을 누릴 자격이 있다.

참고 문헌

Achor, S. 2010. The Happiness Advantage: The Seven Principles of Positive Psychology That Fuel Success and Performance at Work. New York: Random House.

Beck, A. 1967. The Diagnosis and Management of Depression. Philadelphia: University of Pennsylvania Press.

Beck, A. 1972. Depression: Causes and Treatment. Philadelphia: University of Pennsylvania Press.

Beck, A. 1976. Cognitive Therapy and the Emotional Disorders. New York: International University Press.

Bourne, E. 2010. The Anxiety and Phobia Workbook. Oakland, CA: New Harbinger Publications.

Brown, B. 2010. The Gifts of Imperfection: Let Go of Who You Think You're Supposed to Be and Embrace Who You Are. Center City, MN: Hazelden.

Burns, D. D. 1989. The Feeling Good Handbook. New York: William Morrow.

Burns, D. D. 1999. Ten Days to Self-Esteem. New York: William Morrow.

Burns, D. D. 2008. Feeling Good: The New Mood Therapy. New York: Harper.

Doran, G. T. 1981. "There's a S.M.A.R.T. Way to Write Management's Goals and Objectives." Management Review 70 (11): 35–36.

Dweck, C. 2007. Mindset: The New Psychology of Success. New York: Ballantine Books.

Ellis, A. 1957. "Rational Psychotherapy and Individual Psychology." Journal of Individual Psychology 13: 38–44.

Gordon, T. 1977. Leader Effectiveness Training: L.E.T. New York: G. P. Putnam's Sons.

Guise, S. 2013. Mini Habits: Smaller Habits, Bigger Results. CreateSpace Independent Publishing Platform.

Hayes, S. 2005. Get Out of Your Mind and Into Your Life: The New Acceptance and Commitment Therapy. Oakland, CA: New Harbinger Publications.

Kabat-Zinn, J. 2005. Coming to Our Senses: Healing the World and Ourselves Through Mindfulness. New York: Hyperion.

Kübler-Ross, E. 1969. On Death and Dying. New York: Simon & Schuster.

Kushner, H. 1997. How Good Do We Have to Be? A New Understanding of Guilt and Forgiveness. New York: Back Bay Books.

McGonigal, K. 2016. The Upside of Stress: Why Stress Is Good for You, and How to Get Good at It. New York: Avery.

Neff, K. 2011. Self-Compassion: The Proven Power of Being Kind to Yourself. New York: HarperCollins.

Roese, N. 2005. If Only: How to Turn Regret into Opportunity. New York: Random House.

Rogers, C. 1956. Client-Centered Therapy. 3rd ed. Boston: Houghton-Mifflin.

Schab, L. 2013. The Self-Esteem Workbook for Teens: Activities to Help You Build Confidence and Achieve Your Goals. Oakland, CA: Instant Help Publications.

Schiraldi, G. 2001. The Self-Esteem Workbook. Oakland, CA: New Harbinger Publications.

Seligman, M. 2004. Authentic Happiness: Using the New Positive Psychology to Realize Your Potential for Lasting Fulfillment. New York: Atria Books.

Seligman, M. 2006. Learned Optimism: How to Change Your Mind and Your Life. New York: Vintage Books.

Taylor, S., et al. 2000. "Biobehavioral Responses to Stress in Females: Tend-and-Befriend, Not Fight-or-Flight." Psychological Review 107 (3): 411–429.

Taylor, S. 2002. The Tending Instinct: Women, Men, and the Biology of Our Relationships. New York: Holt.

Tedeschi, R. G., and L. G. Calhoun. 2004. "Posttraumatic Growth: Conceptual Foundations and Empirical Evidence." Psychological Inquiry 15 (1): 1–18.

나에게 주는 최고의 선물
자 존 감

초판 1쇄 발행 2020년 6월 10일
초판 3쇄 발행 2020년 7월 15일

지은이 주디스 벨몬트
옮긴이 홍유숙
펴낸이 박경준

편 집 박은영
디자인 STUDIO EGON(표지) 김보영(본문)
마케팅 최문섭 김선영

펴낸곳 미래타임즈
주소 경기도 고양시 일산동구 장진천길 22-71
전화 031-975-4353 팩스 031-975-4354
메일 thanks@miraetimes.net
출판등록 2001년 7월 2일 (제2001-000321호)

ISBN 978-89-6578-176-9 (03190)

이 도서의 국립중앙도서관 출판예정도서목록(CIP)은 서지정보유통지원시스템 홈페이지(http://seoji.nl.go.kr)와
국가자료종합목록 구축시스템(http://kolis-net.nl.go.kr)에서 이용하실 수 있습니다. (CIP제어번호 : CIP2020018642)